強権に「いいね！」を押す若者たち

玉川 透＝編著
ヤシャ・モンク／
ロベルト・ステファン・フォア＝著
濱田江里子＝訳

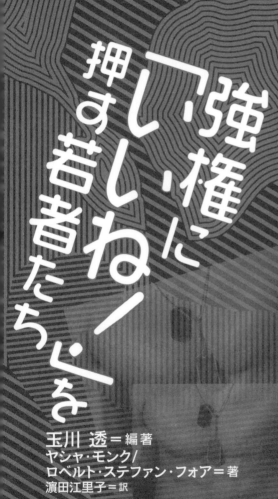

強権に「いいね！」を押す若者たち

装丁　柴田淳デザイン室

目次

はじめに

「民主主義」という言葉を聞いて、皆さんはどんなイメージを抱くだろうか?

ああ、なんか難しそう。政治の話は堅くて、苦手なんだよなあ。そう思ってしまう人が少なくないかもしれない。そうなのだ。民主主義は今、とても人気がない。特に若い人たちに。

なぜ、現代の若者たちは民主主義に背を向けるのか。強権的な指導者に引き寄せられてしまう背景は——。

と、この本のテーマを大上段に振りかぶってみたものの、かく云う私は政治の素人である。

20年以上、新聞記者という肩書で仕事をしてきたけれど、政治学を正式に学んだわけでもないし、政治部に在籍していたこともない。誠にお恥ずかしながら、正直に言えば、面倒な政治の話から逃げてきたくちだ。

思い返せば、1971年生まれの私が初めてこの類いの問題を意識させられたのは、小学校の時から愛読している漫画ドラえもんの「どくさいスイッチ」という話だった。

ご存知の方も多いと思うが、あらすじはこうである。未来の独裁者が邪魔者を排除するために作らせた「どくさいスイッチ」というひみつ道具を使い、のび太が自分に嫌がらせをするジャイアンをこの世から消し去ってしまう。ところが、ジャイアンがいなくなった世界ではスネ夫が力を持っていた。そこでスネ夫を消すと、こんどは別の友達が嫌がらせをするように。追い詰められ、ついに世界の全ての人間を消し去ってしまうのび太。そして、耐えがたい孤独にさいなまれている彼に、消されたはずのドラえもんがこうささやく。

「気に入らないからって、つぎつぎに消していけば、きりのないことになるんだよ。わかった?」

「どくさいスイッチ」の真の効用は、未来の独裁者を懲らしめることにあったのだ。

明るい印象のドラえもん作品らしからぬ、シュールなストーリー展開。ラストのオチに心底ほっとすると同時に、独裁者の悲哀に幼い心がざわついたのを覚えている。

ちなみに、今ネットで検索してみると、国民的マンガといわれるドラえもん作品の中でも「超ブラック回」「三大恐ろしい道具の一つ」など、ファンの間で今も話題になっている。「ドラえもん学」を提唱する富山大学名誉教授の横山泰行さんに取材すると、「どくさいスイッチ」についてこう解釈してくれた。「ドラえもん作品の中で、独裁的な振る舞いをする登場人物は少なくありませんが、定番は富の独占者がスネ夫であり、力による独裁者がジャイアン。『どくさいスイッチ』では、のび太がその役を務めました。作者は、時代や空間に関係なく、身の回りにいる、力でねじ伏せようとする者に対して、独裁者のイメージを持って描こうとしたのではないでしょうか」

作者の故・藤子・F・不二雄さんの真意はどうあれ、「独裁者＝悪」というイメージが小学生だった私の心に深く刻まれたのは間違いない。

そして、上書きするように学校の授業では繰り返しこう習った。「民主主義こそ素晴らしい、考えうる最善の政治体制だ」と。国民に政治的な自由、表現の自由、言論の自由が認められ、自分たちの代表を選挙で選び、その選ばれた代表者に政治を任せる。その代表者が国民のために仕事をしなければ、選挙で辞めさせることもできる。それが「民主主義」というものだ。これに対して、特定の指導者や党派などが政治権力を一手に握り、国民はつねに支配される側になる。言論は弾圧され、従わなければ拷問を受ける人もいる。それが最悪の政体「独裁政治」である――。

月日は流れ、そんなステレオタイプを多少なりとも打ち砕いてくれたのが、大学生のときに出会った『銀河英雄伝説』（田中芳樹作、創元SF文庫）という小説だった。累計発行部数1500万部以上、アニメ・映画・舞台化もされ、「民主主義の教科書」なんていう評もある傑作である。

物語の舞台は、専制政治の「銀河帝国」と民主共和制の「自由惑星同盟」が150年以上にわたり戦いを続けている、遠い未来の宇宙。そこに、銀河帝国にラインハルト・フォン・ローエングラム、自由惑星同盟にヤン・ウェンリーという2人の天才的な軍事指導者が現れる。ラインハルトは退廃した旧来の専制政治を打倒し、善政を敷く清潔な独裁者として全宇宙に版図を広げていく。一方、腐敗した母国の政治を憂えつつ、ヤンはそれでも民主主義を守るため、ラインハルトに闘いを挑む――。「腐敗した民主主義」と「善政を敷く独裁制」のどちらがいいのか。そんな究極の問いを読み手に突きつけている、宇宙大河小説だ。

学生時代、全編をむさぼるように読みながら、ちょっぴり政治の奥深さに触れた気になったけれど、その時の私はすぐに現実に引き戻されてしまった。就職活動である。

地元・仙台の大学を出て、海外特派員に憧れて新聞社に入ると、どくさいスイッチのことも、銀河英雄伝説のことも、すっかり忘れていた。四十路手前にようやく念願かなってウィーン、ベルリンの支局に赴任、かつて最悪の独裁者ヒトラーとナチスを生んだ国々の歴史をじかに学ぶ機会を得た。２０１１年、中東に吹き荒れた民主化運動「アラブの春」の際には、エジプトやリビアに取材に入り独裁体制が崩壊した現場に立った。その後、中東やアフリカから押し寄せた未曽有の移民・難民をきっかけに、欧州の民主主義国家で反難民を掲げる強権的な指導者やポピュリストが民衆の支持を受けて台頭する様を目の当たりにした。

強権的な指導者はなぜ、支持されるのか。人々は何が不満でポピュリストに惹かれるのか。大量の移民・難民が押し寄せ、テロが相次ぐ欧州の民主主義国家で人々は口々に、こう訴えた。「既存の政治家や政党は信じられない」「自分たちは政治から置き去りにされている」――。社会不安が増す中、主張したくても代弁者が見つけられない。そんな人々の心にすっと入り込んだのが、愛国心を煽るポピュリストの過激な主張だった。

そこにはナショナリズムだけでなく、人々の不安を増幅させる経済的な要因を忘れてはいけないという指摘もある。

「経済的に不安定な人ほど、他人の言うことに耳を傾けない独裁的な政治家を支持しがちになる」――。英ロンドン・ビジネススクールのニロ・シバナサン准教授（当時）らの研究チームが２０１７年、世界69か国・約14万人を対象にした調査から、こんな分析結果を導き出した。

シバナサン氏は、私の取材にこう語った。「コントロール不能に陥るような極度の不安を感じると、人は強い指導者を権力の座につけたい欲求を持つ。不安から逃れたい心理的欲求であり、高い教育の有無は関係ありません。そして、独裁的な指導者はいったん人々の信認を得れば、さらに大きな不安を作り出すことに腐心する。それが、さらに独裁を求める人々の心に火をつける。まさに、負のスパイラルなのです」

それでも、私はいつも心の底で思っていた。生まれ育った日本だけは違う、と。軍国主義のトラウマを乗り越え、平和を享受してきた戦後日本では、同じことは起こりえない。人々は強権的なリーダーを望んでいないし、これからも民主主義という政治体制の下で着実に歩んで行くに違いない。幼い娘の将来をおもんぱかりながら、そう思い込んでいた。

ところが、である。日本に帰国した２０１６年、耳を疑うような話を幾多の政治学者たちから異口同音に聞いた。「驚くほど多くの学生たちが民主主義に疑問を抱き、ともすれば強権的な指導者による政治体制の方が良いと感じている」というのだ。

欧州の場合は自分たちの意思をくみ取ってくれない既存の政治家や政党に、怒りの矛先が向けられていた。だから、彼らの不満を吸い上げるポピュリストは、野党の側から生まれた。しかし、日本の場合、とくに若い世代は、欧州とはどうも様相が違うように感じられる。彼らの多くは基本的に「野党嫌い」であり、現政権を支持すること、つまり多数派であることを心地よいとすら感じているようだ。そんな若者たちの心理に潜むものとは、いったい何なのか？　それは日本独特のものなのか？　そんな素朴な疑問と好奇心に突き動かされて、実際に学生たちに会い話を聞いた。戸惑いを感じている政治・社会学者を訪ね歩き教えを請うた。

朝日新聞が毎月第1日曜に発行している別刷り「ＧＬＯＢＥ」の２０１８年４月号で、「政治のことは嫌いでも、民主主義は嫌いにならないで下さい」というタイトルの特集にまとめ、専用ウェブサイト「ＧＬＯＢＥ＋」で関連記事を配信した。

その一連の記事をさらに深掘りし、２年間の追加取材を経て加筆してまとめたのが、この本である。

本書は三部構成となっている。まず第Ⅰ部では、民主主義に疑問を抱く日本の若者たちの心のひだに迫り、なぜ彼らがそう考えるのか、日本の専門家たちに分析を試みてもらった。地球の裏側、ブラジルにも飛んで、「ブラジルのトランプ」と呼ばれる現代を代表するポピュリストの1人にも直撃取材をした。

第Ⅱ部では、米ジョンズ・ホプキンス大学准教授のヤシャ・モンク氏と、英ケンブリッジ大学講師のロベルト＝ステファン・フォア氏による研究論文を紹介する。民主主義に背を向け、強権的な指導者に引き寄せられる人々が増えつつある現状について、世界的に注目される若手政治学者2人が、世界的な統計調査から導き出した分析と警告である。こちらはちょっと専門的な内容なので、玄人向けかもしれない。

そして、第Ⅲ部は、第Ⅰ部と第Ⅱ部を受けて、日本はもとよりヨーロッパ、ブラジルなどで取材した内容をもとに、民主主義は本当にダメなシステムなのか、独裁制に転落する危機をどう乗り越えればいいのか――といった問いを、私が素人なりに考えている。

一方で、あらかじめお断りしておくと、本書のⅠ部、Ⅲ部はデータを積み上げた研究目的の議論をするための論文などとスタイルが異なり、あくまで市井の人々やメディアの一般的な認識、印象などから考察している部分も多い。「政治と若者の問題を印象だけで語ってほしくない」といったお叱りを、専門家の方々から頂戴するかもしれない。それは誠にその通りであり、真摯にご批判を受けつつ、本書が素人の目線によるひとつの問題提起になれば、とも思う。

この原稿を書いている2020年3月時点で、新型コロナウィルスの感染が世界的に広がり、連日、感染者・死者の情報が報じられている。夏の東京オリンピック・パラリンピックの開催延期が決定し、不要不急の外出の自粛要請が出され、「首都封鎖」が現実味を帯びてきた。そんな中、一足先にピークアウトした中国は「爆発的感染の沈静化に成功した」として権威主義体制の優位性を誇示。一方、強制的に人の移動を制限できない民主主義の国々は四苦八苦している。世界が不安定化する中で、「強力な指導者」の方が極度の混乱などに対応できると考える人が増えれば、民主主義の根本的な価値が揺らぎかねない。そんな時だからこそ、民主主義の優れた点とは何か、次に来るものは何なのか、をいまいちど考える意味があるのではないかと思う。

最後に、率直な意見を聞かせてくれた学生の皆さん、素人の質問に真摯に向き合ってくれた諸先生の皆さん、海外取材を支えてくれたコーディネーターの皆さんに、心より御礼を申し上げたい。また、私の拙稿に目を留めてくれた青灯社の辻一三さん、監修に尽力いただいた東京外国語大学特任講師の舛方周一郎さん、そして、編集作業を手伝ってくれた妻にも、感謝の言葉を贈りたいと思う。

それではまず、本書を書くきっかけともなった、「軍事政権だって、いいじゃない」という日本の学生のお話からご紹介しよう。

2020年3月

玉川　透

Ⅰ

強権に「いいね!」を押す若者たち

玉川　透

第1章　「軍事政権だって、いいじゃない」という若者たち

日本のある大学に通う2人の学生とキャンパスの一室で対面したのは、2018年春のこと。当時3年生のAさん、もうひとりが同2年生のBさんだ。2人とも大学の講義で南米ブラジルの政治や歴史を学ぶうちに、ブラジルの軍事政権期にも学ぶべき点があると考えるようになったという。

「軍事政権には評価できる部分もある」なんて言う学生とは、いったいどんな子たちだろう。ガチガチに理論武装した活動家をイメージしていた私は、記者歴20年以上になるのに内心ドキドキしていたのだが、実際に会ってみたら、なんてことはない。「名刺に記者って書くんですね」「取材なんて、緊張するー」と屈託なく笑う、ごく普通の学生たちだった。

互いに自己紹介や雑談をしながら場が和んできたところで、思い切って尋ねた。どうして、軍事政権が良いと思ったの？

まずは先輩のＡさんが答えた。「軍事政権というと、軍部が市民に圧力をかけるイメージだったけど、ブラジルの場合は逆に、それによって平和と安全がもたらされたといわれています。圧力もうまく使えば、治安の安定につなげられるのではないかと考えました」

Ａさんの言葉を正確に理解していただくために、ブラジルの歴史について少し説明しておこう。軍事クーデターが起きた１９６４年以降、ブラジルでは軍部が政治の中枢を握っていたが、70年代前半までに「ブラジルの奇跡」と呼ばれる高度経済成長を実現した。軍部が反対勢力を抑え込んで資源開発など重要な国家主導型プログラムを推進し、治安を安定させたことで海外企業の進出や融資を呼び込めたとされる。軍部が民間からテクノクラート（高度な専門知識と政策能力を持つ技術官僚）を重用したことも大きかったといわれる。

続いて、恥ずかしそうにしていた後輩のＢさんが口を開く。「軍人が権力を持ちすぎることに心配な気持ちもあったけど、欧米で勉強したテクノクラートが知識に基づいて政策を作っていたし、ある程度は国の基盤を整えるためには仕方ない面もあるのかな、と思いました」

「治安の維持」と「経済発展」という二つのワードが、どうやら2人を惹きつけてやまないようだ。

でも、ブラジルの軍政期には「負」の面もあったはずだ。反対勢力への弾圧や拷問で多数が犠牲になり、市民は集会が禁じられ、検閲などの統制下に置かれた。その点については、どう考えているのだろうか？

Aさんは少し考えてこう返した。「人権侵害があったのは知っています。それは軍政の悪い一面だと思います。だけど、それがあるから軍政が絶対にダメだとは言い切れないと思います。私は民主主義が絶対ダメだと言っているわけではありません。難しいとは思うけど、軍政と民政の中間点のような、民政の下で軍の力を強化する。また、自由を抑える限界というのを決めておいて、全てを制限するのではなく、かつ暴力も使わずに統治することができるのであれば、軍がトップに立つことも可能なのではないでしょうか」

要するに、Aさんたちは軍事政権の全てが「素晴らしい」と言っているわけではない。民主主義そのものは認めつつ、軍政の「良い部分」を採り入れて、民主主義の弱点を補うことはできないか、と提案しているのだ。

「絶対的なリーダー」に任せる？

うーん、でも、そう簡単にいくかなあ……。軍事政権の良い面だけをとらえて、理想を描いているのではないか。突っ込みを入れたくなったが、頭ごなしに否定しては話を聞きに来た意味がない。角度を変えて、今の日本の政治に対する思いを尋ねると、Ａさんは真剣な表情で言った。

「今の国会を見ていると、敵対する相手の悪いところを探り出し、おとしめることばかりに時間を費やしているように見える。もし絶対的なリーダーがいて、正しい道を分かっているのなら、その人に任せた方がいいのかなと思います」

Ｂさんも、２０１７年秋の総選挙で初めて投票した喜びを手放しで話してくれた。「私も日本国民なんだ、これが政治参加なんだ、と実感しました」

政治参加の喜びと聞けば、私にも覚えがある。四半世紀も前になるけれど、自分も初めて投票したあの日。仙台の実家から大学に通っていた私は、家族で最寄りの小学校の体育館に設置された投票所を訪れた。誰に投票したかなんて記憶にないけれど、なんとも言えない高揚感は覚えている。その後、気持ちは冷めていく一方だったけれど……。

そんな感傷に浸っていると、メモをとる手がはたと止まった。Bさんが続けて、こんな言葉を口にしたからだ。「そして、開票結果を見て、自分が多数派だったと分かったら、なんだか安心しました」

え？　多数派になっての安心感？　新鮮な感覚だった。多数派がいれば、当然ながら少数派がいる。選挙でいえば、票を投じた候補者が落選した人たち、いわゆる「死票」だ。私自身は選挙権を得て30年近くになるけれど、自分が投票した候補者が勝った覚えがほとんど無い。だけど、それで不安かといえば、そんなことはない。それでは、多数派であることに「安心する」というAさんたちは、少数派に対してどんな気持ちを抱いているのだろう？

「たとえ、反対した人がいても、選挙で票をいちばん集めた政党が国の代表になる。民主主義とはそういうものじゃないですか。いまだったら、自民党。それは受け入れざるを得ないと思います。それがたとえ、自分が支持していない政党であっても、他の多くの国民が支持していれば、その政党が政権を握ることを認めなくてはいけないと思います」と、Aさんは語った。

ちょっと待って。それって、つまり……多数派の支持する政党が少数派を顧みない政策を打ち出したとしても、それは受け入れるべきである。選挙で決まった結果に対して、少数派が後から文句をつけるのはおかしい、そういうこと？

Aさんは私の問いに、少し意外そうな表情でこう付け加えた。

「今の日本は、すぐに反対の声が出てくる。そういう人の方がどちらかというと、独善的だという気がします。私は個人的に、自分が投票した党が政権につかなくても、たとえ納得いく政策がとられなかったとしても受け入れます。それが民主的なんだ、ああ今はこれ（が民意）なんだって」

「ライト独裁」という選択肢

内心ちょっぴり落ち込んだ。親子ほども年の離れた若者から、「独善的」と言われてしまったように感じたからだ。

でも、気を取り直して冷静に考えてみると、多数決で白黒つけるだけが民主主義ではないはずだ。少数派も含め、いろんな意見を熟議して、より多くの人が合意できる落としどころを探る。そのプロセスが民主主義の肝ではなかったか……。

同時に、ふと頭に浮かんだのが、最近ネット検索で見つけた「ライト（軽い）独裁」という考え方だった。優秀な人物に期限付きで強大な権限を与え、国民が仕事の成果を評価する。良ければ報酬を上げ、ダメならやめさせる——。数年前にお笑い芸人が提唱して、ネット上で物議を醸していた。もしかして、Aさんたちが理想としているのは、こういう政治体制のことなんだろうか？　Aさんに疑問をぶつけてみた。

「その考え方に反対ではありません。独裁というと、ナチスを連想する人も少なくありませんが、私が思うに、ヒトラーは国民が言えずにいた不満を代弁したから、最初の頃は支持を得ていたことも事実です。もし『ライト独裁』という制度ができて、国民の代弁者が出現したとしても、必ずしもヒトラーのようになるかといえば、私はそう思いません。逆に、ヒトラーを生み出してしまった苦い経験を得ている今だからこそ、そういう人物を活かすやり方も分かってくると思います」

2人のインタビューを終えたとき、正直、私はかなりのカルチャーショックに襲われていた。ただ、あらためて言うが、Aさんたちは特別に変わっているというわけではないのだ。おそらく日本の標準的な学生と言ってもいいだろう。勉強もちゃんとしている。同じ年頃にアルバイトとコンパに明け暮れていた私よりは、政治に誠実に向き合っている、そんな印象すら持った。

そして、さらに取材を進めるうちに、私は確信を持つに至った。Ａさんたちのように「軍事政権だって、いいじゃない」と考える若者は、今の日本で稀有な存在ではなくなっているということに。

政治と経済への「モヤモヤ」

いくつかの大学でブラジル政治を教えている、東京外国語大学特任講師の舛方周一郎さんの元を訪ねた。舛方さんはここ数年、ある違和感を抱えていた。ブラジルの軍事政権期に関する講義の後で学生たちから提出されるリアクションペーパーに、「軍事政権にも良いところがあると思った」という感想を書く学生が、目に見えて増えていたからだ。

「授業では、軍政の良い側面（体制の前期）と悪い側面（特に体制の後期）を２回に分けて説明しています。大学に入学して初めて政治について学ぶという学生が多いものの、軍政の良い側面を扱った授業の後であっても、軍事政権にも良いところがあると思ったという感想は、５年前ならクラスに１人か２人でした。でも今は、『どちらかといえば』も含めると、4分の1から半数近くになってきました」

その後の講義で、軍政の悪い側面を強調して伝えると、「やっぱり民政の方が良いですね」と意見を翻す学生も少なからずいたという。だが、それは別の真実も映し出している、と舛方さんは見る。「現在ブラジルで広がりを見せる右派ポピュリズムも、軍政のネガティブな側面をできるだけ伝えず、ポジティブな部分を強調する傾向にあるので、日本の学生たちが軍政が良いと直感的な印象を受けた割合も、あながち間違いではないかもしれません」

三十代半ばの舛方さんはもちろん、五十路手前の私も軍事政権下の生活を経験していないので、肌身で理解しているわけではない。それでも、「軍政」と耳にすれば、言論弾圧や拷問、集会の禁止など「負」のイメージがまっさきに思い浮かぶ。

どうして、現代の学生たちは肯定的にとらえられるのだろうか。

講義への反応を通して、舛方さんは学生たちの心理をこう読み解く。「民主主義はいろんな人が関与して熟議するのが良いと言われてきましたが、若者たちからすれば、今の政治は大勢が関わり過ぎて、なかなか決まらない現状があります。そして、思ったような結果も出ない。行政学で『ゴミ缶モデル』というのがありますが、意思決定のプロセスが混《こん》沌《とん》として、結局いろんなものを寄せ集めただけのものになってしまう。だから、独裁や軍政のように政策に関与する人を絞って決めてもらう方が良い結果が出るのではないか。そう考えてしまうようです」

経済もひとつのキーワードになっているようだ、と舛方さんは指摘する。「経済成長に対して、今の学生は二つのタイプがあると思います。経済成長が最善という考え方に違和感を持つ人と、経済成長に対して憧れを抱く人。そもそも、日本の若者たちは物心ついてから、好景気というものを実感していないので、国が著しく成長することへリアリティーを感じていない。これは私の勝手な印象ですが、若者たちの中には、自分たちが経験していない国の著しい成長を夢見ている方もいるのではないでしょうか」

たしかに、独裁や軍政は強大な権限で、昨今の中国のように体制が効果的に機能し、国際的な経済貿易ともうまくかみ合えば、急激な経済成長を成し遂げることもある。だけど、彼らは私たちが慣れ親しんでいる民主的な選挙で選ばれたわけではない。それでも良いということなのか。

舛方さんは言う。「それでもなお、強いリーダーを求めているのではないでしょうか。

困難な状況にあるときこそ、救世主を誰もが求めてしまうように」

2019年、舛方さんはブラジル政治を教える講義のスタイルを変えてみた。まず、ブラジルの軍事政権について説明し、身近な政治現象を達観して普通に暮らす私たちが、いつなんどき「体制側」から「排除される側」に貶められる危険があること、続いて権限を与えられた権力者の暴走に歯止めをかける複数の機能を持つ民主主義の重要性を丁寧に説く。そのうえで、「民主主義体制も決して完璧な仕組みではない。だからこそ一人ひとりが政治意識を高めて、良い制度になるようにみんなで鍛えていかなくてはいけない」と学生たちに訴えた。

ところがです、と舛方さんは言う。「それでもなお、『軍政の何が悪いのか分からない』『軍政でもいいじゃないか』という確固たる意見をもっている学生がいて……。きちんとケアしたつもりだったのですが、私の発言はおかしい、と彼らは言うのです」

舛方さんの最後の言葉を聞いていて、私はこう思った。教える側も深く考えているし、教わる側も決して訳の分からないことを言っているわけじゃない。ただ、これまで常識としてきた民主主義の理念や仕組みと、今の現実世界で起きていることが、どうにもかみ合わなくなってきている。そんなモヤモヤを若者たちは敏感に感じとっているんじゃないのか、と。

次の章では、そんな若者たちのケースをもうひとつご紹介したい。

第2章　ポピュリストに共感する若者たち

ルペンは「普通のおばさん」？

「マリーヌ・ルペン」という名を聞いて、今のフランスで知らない人はおそらくいないだろう。２０１７年のフランス大統領選で、二大政党を押さえて決選投票に進んだ右翼政党「国民戦線」（当時）の女性党首。マクロン現大統領に敗れはしたものの、台頭する右翼政党の勢いを体現した。そんな欧州を代表する右翼ポピュリストの一人となった彼女が、なんと日本の若者たちをも惹き付けている。そんな話を聞きつけて２０１９年冬、駒沢大学法学部政治学科の山崎望教授を訪ねた。

「私も正直、最初ぎょっとして、どう反応していいか分かりませんでした」

きっかけは、２０１８年後期の「現代政治理論ゼミ」で教え子たちに出した課題だった。マリーヌ・ルペン氏が２０１７年の大統領選挙のキャンペーン中に実際に語った演説の日本語訳を、約１００人の学生たちに読んでもらったのだ。「我々は多文化主義という宗教に譲歩しすぎた」「フランスはもはや主権国家ではない」「移民主義という宗教は、人間への侮辱だ」「障壁のない世界は死んだ世界である」「私たちにとって、フランスより偉大なものはない」「未成年の非行に対処するため、親に責任を課す」「国民の統一を強化する」――。そんな言葉が、ルペン演説には並んでいた。

折しも、アメリカでは「自国第一主義」を掲げるトランプ政権が誕生し、英国は欧州連合（ＥＵ）離脱を問う国民投票で賛成派が過半数を上回った。民主主義というシステムがポピュリストによって壊される可能性がある。山崎さんの狙いは、一見魅力的に見えるけれど、同時にポピュリズムの危険性、怖さの側面について学生たちに考えさせることにあったという。

「学生の中には、フランス政治について予備知識を持っている学生も若干いましたが、大半は、なんか起きてるらしいよね、先生、なんで？　という感じでした。そういう意味で、日本の標準的な学生たちの集団だったといえると思います。だから、『移民がどうとか、反EUとか言われても意味不明だよね』とか、あるいはもうまったくの無関心であるとか、いろんな反応を想定していました」

ところが、山崎さんの予想は大きく裏切られることになる。

「ルペンは普通のことを言っていると思う」「生活感がある。彼女の気持ちが分かる」……そんな意見がどんどん出てきた。「まあいいんじゃない」というものも含めると、肯定的な意見は約100人の学生全体の7割近くを占めたという。

講義の前に、山崎さんはポピュリストについて健全な民主主義を妨げる危険な存在になりうるものであると学生たちに説明し、ドイツの独裁者ヒトラーの演説動画も事前に見てくるよう伝えていた。「だからかもしれませんが、実際にルペンの演説の文章を読んだ学生の多くは、『彼女の言っていることは分かるし、自分の国が好きだよって言っているだけなんじゃないの?』と、そういう反応でした。その後、ゼミで議論すると、移民排斥の話では、『外国人が来たら怖くてイヤだよね、実際に犯罪が増えてイヤじゃん』『そういうの考えるの、不思議じゃないよね』という話にもなりました。つまり、ルペンさんという知らない外国人のおばさんだけど、いたって普通のことを言っている、非常に庶民感覚で一般人の声を代弁している、という反応だったんです」

山崎さんは慌てて、学生たちに背景を説明した。ルペン氏は世間一般には「極右ポピュリスト」と呼ばれ、その排外主義的な発言はしばしばマスコミで否定的なトーンで取り上げられている。ルペン氏自身はスーパーで買い物をする動画をネット配信するなど庶民感覚をアピールしているけれど、実際は弁護士資格を持っていて、けっして庶民を代表する階層ではないし、彼女の取り巻きもエリート層で固められている——。そういった事情を教えても、学生たちの反応は変わらなかったという。「なぜ、メディアでそんな取り上げられ方をされるのか、普通のおばさんの言葉尻を捕まえるようなことをして、感覚的に理解できない。学生たちはそう言うのです。もうこれは完全にルペンの戦略勝ちだと思いました。もし仮に、彼女が日本にいたら、それはそれでかなりのファンができると思います」

ただし、と山崎さんは言う。「彼らの話をよくよく聞くと、変な意味で『共感』というか、ああ、そうだよね、そう考えちゃうよねという気持ちに変わってきたんです」

「総理に反対意見を言うなんて」

学生たちには、そういう傾向がもともとあったということでしょうか？

私の質問に、山崎さんはうなずく。「前年のゼミで、（森友・加計学園の問題が発覚した）安倍政権について議論したときのことです。政権に肯定的な学生が驚くほど多かったんです。私としては安倍政権に限らず、これが何政権であろうと、立憲主義を軽視したり、多数派ならば何でも正しい、といった多数派主義になったりしたら、民主主義国家としてよくないんじゃないかと水を向けたんですが、学生たちはこう言うんです。『そもそも、総理大臣に反対意見を言うのは、どうなのか』って」

そのとき、学生たち特有のもう一つの感覚に、山崎さんは気づいた。「彼らには多数決で出た結果に対して刃向かうことへの反発が強いようです。つまり、多数派が正しいと言っていることに、それはダメだと言い続けるのは、足を引っ張っているのと同じだと。たとえば、森友・加計学園の問題にしても、野党やマスコミが追及しているのは、みんなで納得して進めている物事にケチをつけている、つまらないことを言って場を乱しているんだと。そういう捉え方なんですね」

選挙で敗れた野党が、多数派の政権与党にケチをつけて、足を引っ張っている——。こうした若者たちの感覚は、第1章で紹介したAさんやBさんの心情と相通じるものがある。

山崎さんは言う。「民主主義のシステムでいちど決められたもの、決まったもの、いわゆる選挙で勝った自民党のトップが言っているんだから、それで良いじゃないか、そういう感覚ですね。むしろ野党と議論して決めていった方が重要じゃないか、あえて私がそうした反論を挑発的に投げかけても、多くの学生は納得してくれません。野党は民主主義における『問題児』である、彼らはそういう見方をしているのでしょう。日本の政治を停滞させているのは、政権の足を引っ張っている野党なんだ、と」

正直、私には理解できない感覚だが、それでも「最近の若い者は……」という言葉では済ませられない気がする。私たちの根っこにも同じような意識があって、それが若者に見えやすくなっているだけなのではないのだろうか？

山崎さんは、「システム」というキーワードを出して、興味深い仮説を披露してくれた。

「今の若者たちは、なにか日本古来の『システム』というのでしょうか、そういうものが政治の根幹にあって、それが自由民主主義だと思っている節があります。言葉は変ですが、まるで天皇制のように。だから、そのシステムの元で選ばれた総理大臣を批判することは、古来の『システム』にごちゃごちゃ文句を付けているようなものだと、純粋にそんな気持ちを抱くのではないでしょうか」

腹にストンと落ちるものがあった。山崎さんの考えを言い換えれば、選挙で選ばれた人物というより、自由民主主義の象徴ともいえる選挙というシステムそのものが「神格化」されているのだ。「軍事政権だって、いいじゃない」という女子学生Aさんの話を聞いたとき、多数決（選挙）で敗れた側が勝った側を批判するのはおかしいと言う一方で、「民主主義そのものは否定しない」と語っていた。そこに、安倍首相が好きだとか、自民党は信頼できるという要素はあまりない。現代の若者たちにとってはそれほど重要ではなく、日本の政治システムに選ばれたというそのことが、「カリスマ」のよりどころとなっているのではないか。

山崎さんはこう分析する。「日本の場合は、他の国のポピュリストのリーダー像とは違って、非常に奇妙な神格化をされているんですね。安倍首相に対する熱烈な信頼、支持する気持ちというのは薄いんだけれど、それに反対する人には不寛容なのです。別に安倍さんのことを神だとも思っていない。昔の大日本帝国のように天皇に命を捧げるように行動するのかといえば、絶対そんなことはない。でも総理大臣を批判する人に対しては徹底的に不寛容になる。海外のポピュリストのようにカリスマのあるリーダーがいなくても、日本の場合はその地位そのものがシステム的に権力を集中する仕組みとしてできあがってしまったのではないでしょうか」

政治と実生活の乖離が生むもの

山崎さんの仮説を聞いていて、私が真っ先に思い浮かべたのが、江戸時代の徳川幕府だった。初代将軍・徳川家康や三代目・家光あたりはカリスマ性のある人物だったのかもしれないが、その後の歴代将軍の多くは個々人の能力にかかわらず、徳川家に生まれ、将軍職を継承したことが権力のよりどころだったと言っていいだろう。

そんな徳川幕府のような統治システムを、現代の若者たちはそんなに悪いと思っていないのではないか、と山崎さんは見ている。「これは若者に限ったことではないかもしれませんが、政治の世界と実生活がすっぱりと分けられている印象があります。たとえば、日本が軍事政権になったとしても、総力戦になって外国の軍が首都に侵攻するという話にならない限りは、基本的にそれは自衛隊の問題、さらにいえば、戦争にならなければ、軍事政権が何をやっても、それはふーんだし、それに逆らって逮捕、拷問される人は決められたことを批判する人。たとえば、ジャーナリストや学者、活動家といったタイプの人たちになるわけです。世間からテロリスト呼ばわりされる人には関わりたくないから、遠ざける。政治という奇妙なところで熱くなっている人は危ないな、という感覚になっていくわけです」

その典型的なケースが現代にも存在する。中国だ。

産業革命によって労働者階級が豊かになって中産階級が生まれると、自分たちの政治参加を進めるために民主主義を選ぶようになる。中間層が民主主義を支えてきた——。それがセオリーのように、つい最近まで言われてきた。だからこそ、共産主義を掲げる中国でも工業化が進んで中間層が豊かになれば、既存の権威主義的な政治体制を突き崩す存在になるのではないか。そんなシナリオを描く欧米の研究者やメディアは、いまだに少なくない。

ところが、実際はそうなっていない。米アイダホ大学で中国政治を研究するジー・チェン教授が2011年に発表した論文が、そのことを物語っている。中国の主要3都市（北京、成都、西安）における確率標本抽出調査と、200人を超す詳細な聞き取り調査のデータを分析した結果をもとに出版した『中国の中間層と民主主義』（邦訳版・ＮＴＴ出版、野田牧人・訳）で、チェン氏は次のように断言している。「１９９０年代に登場し始めた中国の新しい中間層は、欧米の中間層との共通点がいくつか見られるものの、これとはまったく異なるものである。（中略）中国の新興中間層は、誕生以来、その存続や成長に関し、中国共産党指導下の国家、違う言い方をすれば、一党独裁国家に大きく依存している。（中略）中国の新興中間層メンバーの大半は、間違いなく、現在の一党独裁国家の存続を危うくするような民主化に向けての政治変動を歓迎しない」――。

つまり、中国の現在の中間層の多くは、中国政府や共産党を支持し、民主的な価値や制度はあまり支持しない傾向があるというのだ。

山崎さんはこう解説する。「政治と経済が完全に分離ですし、（中国）共産党が資本主義をバリバリ推し進めている。『新反動主義』と言うのでしょうか、政治は独裁とか権威主義的でもよくて、ただし、それはビジネスを活性化させてくれる仕組み、インフラを与えてくれる範囲で認めるということです。別に民主主義じゃなくても経済成長できるステップさえあればそれで良いじゃん、と。場合によっては、権威的な統治システムの方がスムーズに変化に対応できるのかもしれない。今の若い人たちはそういう考えに近いのかもしれません」

会社という非民主的な世界

そこで当然、こんな疑問が頭をもたげる。どうして、今の若者たちはそういう考えを持つようになるのか？

「会社」が一つのヒントになるのではないか、と山崎さんは指摘する。「現代社会では、多くの人にとって、働く場、いわゆる会社で過ごす時間は、生活の中で非常に大きなウエイトを占めます。でも、会社組織では当然ですが、社長は選挙で選ばれないし、上司も定期的に投票して不人気の人はクビにするということはしません。新入社員を採用するときも、アルバイトや非正規も含めて投票で決める、そんなことはもちろんしない。つまり、会社とは非民主的な世界の代表格なのです。そして、多くの人々は人生の中で、おそらく相当長い時間、そういう非民主的なメンタリティの中で生きて行くことになります」

なるほど、灯台もと暗しだ。サラリーマン生活20年以上になる私自身、民主主義国家で生きていると思い込んでいたけれど、実生活はそうじゃないんだ！　そして、会社組織というものはある意味、競争で成り立っている。いまでこそパワハラやセクハラが問題になるけれど、日本の会社の上下関係は海外に比べても厳しいといわれる。そんな「非民主的な世界」にどっぷりつかって生きてきた私たちは、どういうマインドになるんだろう？

山崎さんは言う。「民主主義に対してあまりなじみを持たない、ときには反感すら持つ人間が出てきます。あの人はむちゃくちゃ働いているから、あれだけ高い給料をもらっている。部下である自分にばんばん命令してくるけど、それは仕方が無い。逆に、あいつはいろんな不幸が重なっていまはフリーターをやっているけど、俺の方が頑張っているんだから、あいつを救ってやる道理はない。そこに『平等性』という価値観は生まれないわけです」

こうした考えは最近、海外でも指摘されている。アメリカの哲学者、エリザベス・アンダーソン氏は、著作『プライベート・ガバメント』で、権力や自由という問題は政治の中だけではなく、職場でも重視されるべきだと主張している。

日本の場合はこうした動きが国家規模で起きているのではないか、と山崎さんは言う。「ある種の国家の企業化というのでしょうか。、例えば、安倍首相を『社長』、国民を『社員』とします。社員がクビになっていない状態で、経営に尽力している社長に対して、ちょっと酒の席でぶーたれるぐらいならまだしも、あからさまに非難したら、他の社員たちが『おまえ何様のつもりか！』となるわけです」

しかも最近は企業形態が変わってきて、正社員だけでなくフリーターや非正規雇用の社員の率が上がってきている。会社内で立場の不安定な人が増えてきているのだ。これを国家に例えれば、移民のような存在かもしれない、と山崎さんは言う。

「学生たちの大きな関心事といえば、ひとつは恋愛、そして就職です。いまは人権を侵害するブラック企業もあります。彼らは就職してますます、民主主義から離れていくのです。実際そんな話をゼミでしたら、ある学生がこんなことを言っていました。『実生活がぜんぜん民主主義的じゃないのに、政治の話になるとやたらと民主主義と言いたがるのはなぜだろう。ただ中学や高校で、民主主義が素晴らしいと習ったのを鵜呑みにしてきただけじゃないのか』と」

古代ギリシアで民主主義が誕生して約2400年。今日の状態に至るには、長い道のりを乗り越えてきたことを忘れてはいけない。だけど、ここまで山崎さんの話を聞いていて、私の頭の中にふつふつとこんな疑問がわき上がってくる。民主主義って、もしかしてダメな制度なんじゃないのかな？

山崎さんは最後に、こう語った。「民主主義はそもそも、古代ギリシアの一部のポリスにしかなくて、それも最後は暴政になって崩れてしまいました。その後、中世ではほぼ顧みられることもなく、むしろ王政や貴族による統治が主流でした。その後、選挙権ができてもせいぜい都市の平民までしか与えられず、労働者、ましてや女性に広げるなんてとんでもないという議論が強かった。それが20世紀になったとたん、自由民主主義が金科玉条のようになっています。民主主義の『イケイケぶり』は100年も経っていないのです。英首相チャーチルの言いぐさではありませんが、今ある最もベターな制度かもしれません。でも、本当にそうなんだろうか、というのはちゃんと問い直されるべきなんじゃないかと思います」

第3章　「野党嫌い」な若者たち

なぜ国会論戦を嫌悪するのか

「軍事政権だっていいじゃない」と言う学生Aさんたちはけっして、民主主義そのものを否定してはいなかった。むしろ、「どちらかというと良いと思っている」。そう話していた。

ただ、今の日本の政治状況について問うと、Aさんは嫌悪をあらわにした。

「今の日本を見ると、政党同士が明らかに敵対していて、国会（での論戦）を見ていても、ずっと同じ問題について相手の悪いところを探り出すような話し合いばかりしている。ずっと敵対関係にある相手をおとしめることばかり考えているように見える」

相手をおとしめる？　でも、国会論戦とはそもそも、そういうものではないのか。相手の主張の矛盾を突いて論破し、自分の主張を有利に展開する。そうした姿に嫌悪感を覚える彼女の見方が、私には新鮮だった。

最近、ネットである記事が話題になっているのを知った。ニュースサイト「現代ビジネス」に２０１８年7月に掲載された野口雅弘・成蹊大学教授のコラムだ。政党不信が深まる中で、とりわけ、野党不信の広がりの深さが前代未聞のレベルに達している。そうした「野党嫌い」の背景に、若者世代がコミュニケーション力、つまり「コミュ力」を過度に重視する現代の風潮があるのではないか。野口さんはコラムの中でそう説いていた。

印象論だけではない。若者の「野党嫌い」はたしかに、多くの世論調査の結果が示すところとなっている。朝日新聞が２０２０年2月に実施した世論調査で、安倍内閣の支持率は全体で39％、不支持は40％。年代別に見ると、18～29歳では支持が42％、不支持が27％。さらに、支持政党別では、自民党の支持率は全体で34％だったのに対し、野党第1党の立憲民主支持は6％。こちらも世代別に見ると、18～29歳の自民支持は28％だったのに対し、同じ年齢層で立憲民主党、国民民主党、共産党、日本維新の会の支持率はいずれも2％にとどまった。「若者」の安倍政権・自民支持が際立って高いことが分かる。

しかし、それが「コミュニケーション重視」とどのように関わっているのか。2019年2月、成蹊大学法学部の研究室に野口さんを訪ねた。

「私が大学で教えていて感じたのは、まず今時の学生たちはとても素直だし、良い子だということです。反抗期もありませんでした、という人もいる。教える立場からすれば、勉強もしてくれるし、やりやすいといえるでしょう。それで、あるとき、中学の教員をしている弟に『中学生は大変じゃないの』と聞いてみたのが、そもそものきっかけでした」

弟さんの予想外の答えに、野口さんは驚かされることになる。クラスの中には、それなりに中心的な存在もいれば、目立たない子もいる。クラス内の「権力関係」、いわゆる「スクールカースト」のようなものがもちろん存在する。でも、なにか衝突が起きるかといえば、そんなことはほとんどなく、うまくやっているというのだ。

野口さんはそこに「野党嫌い」の萌芽を見いだした。

「学校では、基本的に民主主義のモデルは、『みんな仲良し』であると教えます。一致団結して、一つのことを成し遂げましょう、と。そこにはけんかも、対立も、和を乱すということもない。すると、おのずと『野党』的な振る舞いは、一切なくなっていく。そういう普通の『良い子』たちが、よく考え、よく育ち、大学を出て、そのまま社会に巣立っていけば、『野党ぎらい』になっても当然ではないでしょうか」

じゃあ、大学のゼミはどうだろう。私はけっして真面目な学生ではなかったが、それでも一つのテーマをめぐって教官や他の学生たちと意見を闘わせた記憶がある。そのままキャンパス近くの居酒屋に場所を移して、続きをやったこともある。いまだって、それは変わらないでしょう?

野口さんは首を横に振る。「たしかに、ゼミでは議論を闘わせますが、それはそれなりの信頼感がお互いにあってのことです。ゼミが始まって初対面の頃は、就職活動の集団面接みたいな感じになってしまうんです。ぎこちなく、かつ、みんな『良い子』になってしまう。みんな、人の意見をきちんと聞いて、それを受けて自分の意見を言う。『○○さんの意見を受けて』みたいなことをやり始めるのです。そういうパス回しみたいなことは、コミュニケーションということでいえば非常に大事ですが、なんだか気持ちが悪い。そう感じてしまうのは僕だけかもしれませんが」

意見のパス回し……。いまの若者たちを取り巻く環境は、私がイメージしているのとはだいぶ趣を異にしているようだ。

それを如実に表すエピソードを、野口さんが教えてくれた。2018年夏、担当科目の「現代政治理論」で、日本の高度経済成長期に異なるタイプの民主主義論を展開した2人の政治学者、松下圭一（1929〜2015）と藤田省三（1927〜2003）を紹介したときのことだ。

ともに戦後民主主義の象徴である政治学者、丸山眞男の弟子だが、松下は経済的な豊かさを肯定しながら、市民による地域自治の活性化に期待を寄せた人物として知られる。一方、藤田は、経済成長で変わっていく日本に同調圧力の高まりを見いだし、異質な存在の排除が民主主義を損ねるとして、時に過激な言葉を交えて批判した。

講義後、学生たちから提出されたリポートに、野口さんは目を丸くした。松下の考え方に賛同する学生が多かった一方で、「抵抗」なきデモクラシーは「翼賛」になりかねないと主張する藤田に共鳴する学生はほとんどいなかった。それどころか、藤田に対する違和感と嫌悪の言葉が並んでいた。「単なる老害」「悪口ばかり」といった辛口のコメントもあったという。

野口さんは次のように分析している。「松下は地方自治体の中で具体的にどうやって国と戦いながら進めていくか、わりと思考が現実的でした。今の若者たちにとっては『代案を出せ』という方がしっくりくるんでしょうね。一方、藤田については、前回の東京五輪前後の社会の変化を説明し、伊藤計劃《けいかく》（ＳＦ作家、１９７４〜２００９）の小説なんかにも言及しながら、かなり丁寧に説明したつもりだったのですが、学生たちにはすごく受けが悪かった。今の学生たちは、批判するということを、『悪口』『足を引っ張る』と考えがちのようです。過激な批判が特にダメです」

これは余談ですが、と野口さんは苦笑する。「その後、講師として呼ばれた川崎市の市民講座での反応は、学生たちとは対照的だったので、あらためて驚きでした。平均年齢60歳ぐらいの受講生たちには、藤田の話は印象深いと好評でした」

成功モデルは「ホリエモン」

なぜ、若者たちは議論をすることを嫌うのか。その原因はどこにあるのか。

現代の若者たちがあこがれる、「成功モデル」と考える人々のスタイルを見れば、その答えが見えてくるのではないか、と野口さんは言う。

「この場合の『成功モデル』とは、（ファッション通販サイト『ゾゾタウン』を運営するＺＯＺＯ元社長の）前澤友作氏や、（『ホリエモン』の愛称で知られる）堀江貴文氏らが代表例です。

彼らは生き方のスタイルの中に、『野党』というオプションはゼロと言ってもいい。意見が違えば、一致はしなくてもちょっと話し合ってみよう。私たちが昔から民主主義的なアプローチと考えるプロセスは、彼らの目には『無駄』と映る。そんなことしているのなら、能力のある自分がトップダウンでがーっとやってしまって、結果を出せばいいじゃないか、と。そういうスタイルを若い人たちはモデルとして見ているわけです」

そして、正反対の代表が「労働組合」だと、野口さんは指摘する。「組合活動は今の若い人たちの間で人気がありません。経営者の方針を批判したり、民主的にものごとを決めようとするあまり、会議が長時間に及んだりすることが特に嫌われるのではないでしょうか」

フロントランナーたちの生き様にあこがれる若者たちが時代を動かしていく。「野党嫌い」も、そんなトレンドの一つなのかもしれない。

ただし、そんな社会の風潮を加速させる要因として、「中立性」を過度に重んじてきた日本の教育があるのではないかと野口さんは見ている。

「ドイツの学校では教師も自分の立場をはっきりと生徒の前で言います。もちろん教師が生徒を圧倒するのはダメですが、論争的なことは論争的に扱うという、ボイテルスバッハ・コンセンサスというものがあります。でも、日本の教育現場では、党派性のある話は絶対に避けます。その代わりに公民教育をするときに模擬投票ばかりをしたがる。模擬投票は悪くはありませんが、本当に大切なのはそれぞれの生徒が一人称で発言し、他の人の意見を聞き、そしてお互い議論するというプロセスのはずです。私たちの社会にはいろいろな考え方の人がいる。その多様さが私たちを豊かにしてくれます。でも、だからこそ政党や党派が避けられない。そして民主的に決めるのには、それなりの忍耐とスキルが求められるわけです」

そして、ときに官邸主導と言われる安倍政権と官僚システムとの関係にも影響が色濃く出ている、と野口さんは指摘する。

「高度経済成長時代の役人は、庁内の政策的な議論に打ち勝って、自分の評価を高めて行きました。しかし、いまは権力との距離をいかに縮められるかが問題になる。議論がうまいとか、理論的に論争したら勝てるとか、そういう能力は評価されません。最近、忖度が重視されるのはそのせいです」

1人に決めてほしい、という欲求

「ポリュビオスをご存じですか？」

インタビューも終わりに近づいた頃、野口さんが聞き慣れない人物の名を口にした。

政治思想史がご専門の野口さんによれば、ポリュビオスは紀元前2世紀のギリシャ人の歴史家で、民主主義の危うさを説いた人物として、後世に知られている。彼が残した有名な言葉が、「歴史は政体が循環しながら流れていく」だ。

有徳者による君主制が堕落すると、少数エリートによる貴族制に変容する。そして、貴族制も徐々にうまくいかなくなり、人々は平等な権利を勝ち取って民主制へと移行していく。そんな政治体制の変遷をポリュビオスは説いている。

ところが、そこで終わりではない。独裁者や一部のエリートが支配する害悪を経験した人々が苦労して権利の平等や言論の自由を勝ち取っても、幾世代かを経るうちに、それが当たり前になってしまう。拝金主義がはびこり、それにも慣らされた民衆は刺激を求め、自由や平等の価値を大切にせず、結局、民衆の耳に心地の良いことばかりを言う扇動者を選び、最終的には独裁制に回帰する――というのだ。

野口さんは言う。「民主制を実現した後、それを勝ち取った記憶が薄れていくほど、1人の人間に何かを決めて欲しいという欲求が高まり、そういう人物に支持が向かいやすくなる。要するに、民主制はつねに独裁制への危険を内包しているのです。これはかなり普遍性の高い法則であり、現代の我々はまさに循環のこの段階に来ているのです」

これは、えらいことだ。危機が迫っていることが分かっているのなら、対処法が知りたい。いったいどうすればいいのか。

野口さんは首を横に振る。「頑張ろうにも、何を頑張ればいいのか、僕も正直答えが見つからないのです」

ポリュビオスが唱える「循環」の歯車は、世界の各地ですでに回り始めているのかもしれない。それでも、と野口さんは言う。「いま僕たちは坂をくだっています、ということは口に出して言っておきたいとは思います。たとえ負けるにしても、誰かに何かを託すような負け方でなければならない」

第4章　「ブラジルのトランプ」と若者たち

軍政を賛美する新大統領

「軍事政権だって、いいじゃない」という学生たちの言葉に端を発して、ここまで現代日本に生きる若者たちが民主主義にどんな思いを抱いているのかを探ってきた。ここでいったん日本を離れ、世界に目を向けてみよう。

人口約2億1000万、南米最大の民主主義国家ブラジルで2019年1月、軍事政権を賛美する異色の大統領が誕生した。元軍人の右翼政治家、ジャイール・ボルソナロ氏である。

「『私』だけが真の国民の代表であり、違う意見や価値観を持っていれば『悪い人』『危険な人物』と考える危険な勢力だ」——。

２０１９年10月来日した米ジョンズ・ホプキンズ大学准教授のヤシャ・モンク氏は、東京都内で開催された朝日地球会議２０１９（朝日新聞社主催）でポピュリストをこのように定義し、代表例として米国のトランプ大統領やインドのモディ首相と並んで、ボルソナロ氏の名を挙げた。

ボルソナロ？　そんな政治家、いたっけ？　遠い地球の裏側の国の話で、健全な民主主義国家である日本の私たちには関係ないでしょ。読者の皆さんはそう思うかもしれないけれど、いやいや、それがそうとも言い切れない。彼が権力の座に就く道筋をたどることは、どの国でも起こりうるポピュリスト誕生の「ショーケース」を見るのと同じかもしれない。

じつはボルソナロ氏が大統領の座を射止める1年以上前、私は彼にインタビューしていた。ここで、時計の針を少し巻き戻してみたい。

ブラジルの首都ブラジリア。国会議員会館にあるボルソナロ氏の議員事務所を私が訪れたのは、大統領選挙まで1年余りに迫った２０１７年10月下旬のことだった。

約束の時間を40分過ぎても現れない。やきもきしながら事務所前の廊下で待っていると、黒いスーツに身を包んだ長身の男が大股で近づいてきた。「あんた、(日系)ブラジル人じゃないな。本物の日本人か！　いやあ、待たせて悪かったなあ」

ボルソナロ氏は人なつこい笑みを浮かべ、私の肩をがっちりと抱き寄せると、事務所に招き入れた。書斎のデスクにどっかと腰を下ろし、秘書が差し出した出前のパスタをむしゃむしゃとほお張り始める。「なんだ、冷めちゃってるじゃないか」

以前ならランチは近くのレストランに気軽に食べに行けたのに、支持率の急上昇で他の客から「写真を撮らせてくれ」というリクエストが殺到、外食はやめて出前で済ませるようになったと、秘書が教えてくれた。

はるばる日本から取材に来た理由を説明しようとしている私に、ボルソナロ氏はマイペースでしゃべり続ける。

「日本はあんなに小さい国なのに、世界3位の経済大国になった。もし、あんたたちの国がこの広いブラジルだったら、もっとすごい経済大国だったはずだ！」

ＳＮＳ活用と「フェイクニュース」

「少年犯罪の厳罰化」「移民の受け入れ制限」「性的少数者や女性への蔑視発言」「善良な市民に銃を持たせて犯罪抑止」――。当時、欧米やブラジルのメディアが伝えるボルソナロ氏に関するニュースといえば、そんな過激な言動ばかり。そして、最たるものが、公の場でもはばからない軍事政権時代への賛美だった。

その衝撃を理解するには、少々背景説明がいる。

ブラジルでは１９６４年の軍事クーデターから85年の民政移管まで、軍部が政治の中枢を握り、反対派への拷問で多くの死者が出た。市民は集会を禁じられ、表現の自由も制限された。欧米の価値観からすれば、当時のブラジルは「軍事独裁政権」。国内では今でも、公に軍政を支持することはタブー視されている。

１９５５年、義歯職人の平凡な家庭に生まれたボルソナロ氏は、軍人となって大尉まで昇進、89年に政界に転身した。２０１６年オリンピック・パラリンピックの開催地だったリオデジャネイロ州選出の連邦議会議員を7期務めたベテラン。キャリアこそ長いものの、実態は小政党を渡り歩いてきた、いわば「一匹おおかみ」の政治家で、地元メディアの報道によれば、議員時代に170回以上の法案を提出して、成立はわずかに2回（2018年10月時点）しかない。

そんな彼が、まさか大統領になるなんて、議員時代に本気で信じていた人は少なかったに違いない。だから、いくら軍政時代を称賛する発言を繰り返しても、世間では「軍人上がりのベテラン議員が相変わらずほえている」という程度にしか受け取られていなかった。

ところが、2014年の下院選で、得意のSNSをフル活用してリオデジャネイロ州で当時最多の46万票をたたき出したあたりから、にわかに脚光を浴び始める。ボルソナロ旋風が吹き始めたのだ。大統領選への出馬を公言すると、支持率はさらにぐんぐん上昇。私がインタビューした2017年の世論調査でいきなり17％の支持率を獲得し、国民的な人気を誇っていたルラ元大統領の35％に次ぐ2番手に躍り出た。内外のメディアが、「ブラジルのトランプ」と呼び始めたのも、この頃からだ。

ほとんど無名だった右翼議員が、どうして、それほどまでに支持を集めるようになったのか。インタビューで尋ねた時、ボルソナロ氏が大きな目を見開き、両手を掲げて驚いて見せた姿が忘れられない。

「じつは、私自身びっくりしているんだ！　今、ブラジルの政治家は国民の信頼が非常に低い。だが、私は他の大多数の議員とは異なる道を歩んできた。それがよかったんだろう」

では、軍政についての考えは？　彼はきりっと表情を引き締めて書斎の壁を仰ぎ見た。そこには軍政時代の歴代大統領５人の写真が掲げられていた。

「軍政時代、我々には完全な自由があった。今でも当時を知る60歳以上の人が１０００万人以上いる。彼らに聞けば誰でも、あの頃は平和で治安もよく、お互いを尊重し合い、雇用も守られ、今日とは違ってブラジルは前進していたと話すだろうよ。軍事クーデター？それは左派が作りだした『うそ』だよ」

つまり、「フェイクニュース」だと言うのだ。なんだか、本家の言いぐさに似ていると思いながら執務室の棚を見ると、トランプ米大統領の首振り人形が揺れていた。支持者からのプレゼントだという。

ボルソナロ氏自身は「ブラジルのトランプ」と呼ばれていることを、どう思っているのだろうか。率直に尋ねると、「私は彼よりも金持ちだよ」とジョークを飛ばしておいて、こう続けた。

「『ブラジルのトランプ』というのは、メディアが面白くしようとして勝手に言っていること。ただ、私も『外国人嫌い』とメディアに頻繁に非難されているから、トランプ氏の気持ちはよく分かるけどね」

もし大統領になったら、真っ先に何をしたいか、最後に私は尋ねた。お恥ずかしい話だが、この時点で私は彼がまさか将来大統領になる可能性があるなんて思ってもいなかったし、おそらく、ボルソナロ氏自身もそうだったのではなかろうか。

天を仰いで、彼はこう言った。「ああ、この国にはやることがたくさんありすぎて。暴力、失業、役所の縦割り、非効率……。神様、助けて下さい、そう祈りたいぐらいだ！」

インタビューから1年余。ボルソナロ氏がブラジル政界の頂点を極めることができた最大の要因は、敵失、そして時代の変化だった。

もともと大統領選で本命とみられていたのは、2003年から8年間大統領を務めたルラ氏だった。汚職事件で有罪判決を受けて服役中ながら圧倒的な支持を保っていたが、高等選挙裁判所で「立候補の資格なし」とされ、ルラ氏が後継として指名した元サンパウロ市長のフェルナンド・アダジ氏も結局、ボルソナロ人気に追いつけなかった。

ブラジルの事情に詳しい神田外語大学講師（当時）の舛方周一郎さんは、こう解説してくれた。

「ボルソナロ氏は、政界の汚職や治安の悪化に対応できない政権政党や既存の政党への反発の受け皿となりました。選挙キャンペーン中に反ボルソナロ派と思われる暴漢に脇腹を刺されたことへの同情票に加えて、立候補が認められなかったルラ陣営により後継者として指名されたアダジ氏が選挙戦中に予想以上に支持率を伸ばしたことも、かえって反対派の危機感をあおり結束させてしまったと思います」

舛方さんは、２０１８年春にブラジリアでボルソナロ氏本人とも会っている。

興味深いのは、ボルソナロ氏の心境の変化だ。１年前に私がインタビューした時には、「メディアが勝手に言っていること」と冷ややかだった「ブラジルのトランプ」という呼び名を、最近は積極的に活用するようになった、と舛方さんは指摘する。

「自分がトランプと比較されることにそれほど肯定的ではなかったが、最近は自ら『ブラジルのトランプ』『トランプ大統領の信奉者』と公言したり、トランプ氏に対して『Te amo（I love you の意味）』と発言したりしています。その方がウケがいいと考えたのでしょう」

高学歴の「ボルソミニオンズ」

ここまでなら、ブラジルに出現したポピュリストの成功譚に過ぎないかもしれないが、ボルソナロ氏の躍進を支えた「ボルソミニオンズ」と呼ばれる特徴的な支持層を分析すると、けっして他人事ではない気がしてくる。

ボルソミニオンズの共通点は、中流以上の家庭で育った高学歴の若者たちで、呼称の由来は日本でも人気の米CGアニメ映画「ミニオンズ」シリーズのキャラクターといわれる。強いボスを追い求める性質を持つ謎の黄色い生物ミニオンズが、ボルソナロ氏を神のようにあがめるブラジルの若者たちにそっくりというわけだ。

ボルソミニオンズは、とくにボルソナロ氏が掲げる汚職撲滅と治安対策に期待する。治安悪化が著しいブラジルでは、「ファベーラ」と呼ばれるスラム街で警察と麻薬犯罪組織による激しい銃撃戦が頻発。地元メディアによれば、2016年の全国の殺人事件の犠牲者は6万1696人と過去最高を記録した。これは、1時間当たり7人が殺害されている計算である。そこへ重なったのが、ブラジル史上最悪といわれる国営石油会社をめぐる汚職スキャンダル。発覚から3カ月余りで有名政治家や企業幹部ら270人以上が起訴された。

治安問題も解決できず、既得権益にむらがる政治家は信じられない。犯罪者には厳罰を――。こうした人々の声に、「軍政下では治安もよく、トップダウンで効率的な経済運営が実行できた」と訴えるボルソナロ氏の主張がぴったりはまった。

有権者の世代交代が進み、軍政時代を「知識」でしか知らない若者たちが増えていることも、軍政賛美への抵抗感を低くしている。民主化後に「反対派への弾圧」と解釈されてきた軍政期の「負」の側面は、過激な行動で秩序を乱していた共産主義勢力を抑えるために行ったことだった――。そのように軍政時代を再評価し、秩序ある社会を取り戻して欲しいと願う若者たちが、ボルソナロ氏を後押ししたのだ。

ボルソミニオンズは、ボルソナロ氏のことをソーシャルメディア上で「Ｍｉｔｏ」と呼んで称賛している。ポルトガル語で「神話」「伝説」を意味する。日本でいえば、「伝説のヒーロー」といったところか。

社会的な背景も歴史的な成り立ちも異なるブラジルという国で、若者たちの中には軍事政権を賛美する大統領を神のように崇めているものもいる。彼らの心の内をのぞき見れば、日本の若者にも通じる何かが見えてくるのではないか。ボルソミニオンズの一人に、膝つめで話を聞いた。

「ブラジル第一主義」に魅せられて

「ブラジルという国家こそ最も重要である。ボルソナロ氏のその考え方が胸に刺さったんです」

2017年にブラジリアでインタビューしたジョゼ・コスタさん（当時19）は、自他ともに認めるボルソミニオンズ。裕福な企業家の家庭に生まれ、2012年に両親と一緒に渡米したジョゼさんは、ベンチャービジネスなどの教育に強みを持つ米ボストン近郊のバブソン大学に進学。トヨタ自動車の豊田章男社長が経営学を学んだことでも知られるその大学で経営学を身につけ、その後はロースクールに通っていた。

ボルソナロ氏との出会いは、休暇でブラジルに一時帰国した2016年春。政府会計の粉飾に関わったとして、当時のルセフ大統領の弾劾裁判を求めるデモがブラジル各地で起きていた。政治に関心があったジョゼさんはデモに参加。その時、「愛国精神」の大切さをとうとうと論じるボルソナロ氏の演説を聞いて、こう直感した。「この国のために仕事をしてくれる政治家は彼以外にいない」

そこには、ブラジル経済の低迷を未然に防げなかった政府への失望もあったという。

ジョゼさんが物心ついた２０００年代、ブラジル経済は世界的な資源ブームに乗り、穀物や鉄鉱石を輸出して歴史的な高成長を記録した。リーマン・ショックから世界同時不況に陥った２００９年こそマイナス成長となったが、翌年にはV字回復を果たし、通貨レアルの価値も上がった。ジョゼさん一家が米国移住を決めたのもこの頃だった。

ところが、南米初となるリオ五輪の開催が迫るなか、主要な貿易相手国である中国の景気減速で資源価格が下落し、ブラジル経済は大打撃を受ける。国内総生産（ＧＤＰ）が２０１５年、16年と2年連続のマイナス成長となり、世界恐慌のあおりを受けた１９３１年以来の危機に陥った。高インフレや雇用条件の悪化が市民の生活を直撃。失業率はインタビューした２０１７年当時、13％前後で高止まりしていた。

経済の悪化は、ジョゼさんの人生にも影を落とした。通貨レアルの価値が下がり、米国での大学生活を切り上げて17年春、ブラジルに帰国せざるをえなくなった。

ＧＤＰでみれば世界9位のブラジルは「豊かな国」だが、実際はすさまじい格差社会である。最も裕福な6人の資産が、貧しい1億人の資産とほぼ同額といわれる。貧困撲滅を掲げて2003年に発足した中道左派・労働党政権は、「ボルサ・ファミリア（貧困家族向けの生活支援プログラム）」と呼ばれる貧困対策を始めた。その主な財源は税収。中間層・富裕層は、自分たちに恩恵の少ない政策のために重い税負担を強いられることに不満を募らせていた。そこに発覚した政治家の大規模な汚職スキャンダルが、彼らの怒りの炎に油を注いだ。

ジョゼさんは言う。「潤沢だった資金の多くが、政治家たちの懐に入っていました。彼らは自分や所属する政党のことしか頭になく、経済政策でも失敗した。でも、ボルソナロ氏は違う。汚職とは無縁で、潔白な彼だけが、悪徳な政治家たちを攻撃できるんです」

母国の将来や政治を熱く語るジョゼさんを見ていると、同じ年の頃、のほほんとしてアルバイトやコンパに明け暮れていた我が身を思い返し恥ずかしくなった。とはいえ、素朴な疑問も湧いてきた。軍政下のブラジルでは、大勢の人々が拷問で犠牲になった。そんな時代を賛美するボルソナロ氏に抵抗はないの？

その問いに、ジョゼさんはきっぱりと言った。

「たしかに拷問で死者も出たし、検閲もありました。でも、それは全体として大きな目標があったから行われたこと。軍政下では、治安もよかった。それに比べて、今のブラジルは秩序がない。軍政でも、民主主義でも、大事なのは国が本当に秩序をもってコントロールされていることだと思います」

驚いた。かつて赴任していたドイツで聞いた、ナチス時代のプロパガンダを思い出したからだ。そして、日本に帰国してから私はもう一度、驚くことになる。第1章で紹介した、「軍事政権だって、いいんじゃない」という日本の女子学生Aさんの口からも、ほぼ同じ言葉を聞くことになるからだ。

当時19歳のジョゼさんは当然ながら、軍政時代を「知識」でしか知らない。親子ほど年の離れた若者に説教したくはなかったが、あえて言わせてもらった。君の考えも分からないではないけれど、学校で「軍政はいけない」と教わらなかった？

「たしかに、周りの学生の多くは軍政に反対です。でもそれは、一面的なブラジルの教育に原因があると思います。ボルソナロ氏も教育に特定の概念（政治イデオロギー）を持ち込むべきではないと訴えています」

うーん、どうも頭でっかちな印象がぬぐえないなあ。でも、話を聞くうち、ボルソミニオンズがボルソナロ氏に惹かれるワケも見えてきた。キーワードは「対話」だ。

数カ月前までボストン郊外で暮らしていたジョゼさんは、２０１６年秋の米大統領選をリアルタイムで目のあたりにした。かつて製造業や鉄鋼業で栄えながら、グローバル化の波にさらされて廃れた「ラストベルト（さび付いた地帯）」の白人労働者たちが、トランプ勝利の原動力になっていた。その構図はブラジルも似ていると、ジョゼさんは言う。

「ブラジルでは産業界の力が政治にも大きく影響します。それと反対の立場をとる人たちのメッセージはなかなか政治家に届きません。ブラジルの大手メディアも市民の意見を反映していない。でも、ボルソナロ氏はソーシャルメディアを通じて直接対話します。必ず自分でメッセージにコメントを返すのです」

ジョゼさんは最後に、将来の夢を語ってくれた。

「大統領になりたい。エゴで言っているわけではなく、国を代表したいからでもありません。ただ、同じ考えを持つ人に会いたいから」

ブラジルでボルソナロ氏とジョゼさんにインタビューしてから2年余り、ボルソナロ氏が大統領に就任してから約10カ月たった頃、東京外国語大学特任講師の舛方周一郎さんにボルソナロ政権のその後について尋ねた。

「就任当時70%ぐらいの高い支持率を誇っていましたが、（2019年10月時点では）半分ぐらいに低下しています。大統領の場合、最初はハネムーン期と言って支持率が高いのが常ですが、最初の１００日ぐらいで急激に下がりました。１９８５年の民主化後の歴代政権の中でも、鍍金の剝がれるのがだいぶ早いほうだと地元で言われています」

「消去法」でボルソナロ氏を選んだ有権者が多かったのが原因の一つではないかと、舛方さんは分析している。現状に不満を抱く層が、既存の左派政権の流れを組む候補が当選するぐらいなら、ボルソナロ氏を選んだ方がまだマシと考えたというのだ。

ただし、と舛方さんは言う。「ボルソナロ氏を支持する若者は依然として少なくありません」

当のボルソナロ氏自身が大統領になってもスタイルをあまり変えないことも、ボルソミニオンズたちが離れていかない一因のようだ。これまでも主張してきた治安対策の強化に加えて、左派的な考え方をブラジルから一掃するという主張をいっそう声高に唱え始めた、と舛方さんは言う。「歴代の政権が手を付けられずにいた年金制度改革に道筋をつけ、景気も徐々に回復傾向にあります。経済政策は専門家の財務大臣に任せて、素人の自分は口出しをしない。政権の経済政策は、エコノミストらからは一定の評価も得ています。一方、最近は攻撃の矛先を世界の左派やリベラルな勢力に向け始めました。アマゾンの森林火災の問題では、フランスのマクロン大統領にかみついたり、国連をグローバル左派だと攻撃したり。こうした過激な主張も一介の議員ではなく、一国の大統領が言えば、これまでよりも大きくメディアで取り上げられるため、彼の主張がいっそうクローズアップされるようになったと言えます」

果たして、「ブラジルのトランプ」はブラジルの民主主義を後退させたと言えるのだろうか？

ボルソナロ氏は、市民が政治参加する選挙という民主主義の手続きに則り、正当に選ばれた代表だという人もいる。しかし民主主義を考えるうえで、「政治参加」と「自由」を分けて考えなければいけない、と舛方さんは言う。ブラジルは1985年の民政移管以降、議会と司法の権限が強化され、三権分立のチェック・アンド・バランスが整ってきたことで、制度面では良い方向に進んできた。そこに現れたボルソナロ氏は、若者たちの支持も受けて大統領となった。

「重要なポイントは、選挙に勝ちさえすれば、何をやってもいいというボルソナロ氏のような大統領が今後どんどん出て来はしまいか、ということです。実際、メディアがボルソナロ氏を叩いても『フェイクニュース』だと言われてしまう。NGOや市民が公の場で発言する機会も奪われています。ポピュリストは市民に政治参加を勧めますが、選挙に参加できても、実生活の自由は失われていく。いきなり軍事政権になることはなくても、市民の自由が失われることは、民主主義の機能を劣化させ、制度の根幹をもじわりじわりと蝕ばんできている。私にはそう感じられるのです」

民主主義の下で、ポピュリストは市民に政治参加を勧めていくけれど、実生活では民主主義の最上の価値である「自由」が失われていく——。舛方さんも指摘したこの現象は、第10章で古代ギリシャの哲学者プラトンの「教え」と共に振り返ることになるが、その前にもう一つ別の視点から民主主義に背を向ける若者たちの話をご紹介したい。キーワードは「わがまま」だ。

第5章　「わがまま」を言えない若者たち

「あなたたちを決して許さない！」――。2019年9月、スウェーデンの環境活動家、グレタ・トゥンベリさん（当時16歳）は、国連本部で開かれた気候サミットで演説し、地球温暖化の危機を見過ごしてきた大人たちを叱責した。時に涙を流し、険しい表情で訴える彼女の姿は、世界中に旋風を巻き起こした。

まちがいなく、この年、世界で最も注目を集めた高校生と言って良いだろう。そんな彼女を応援してあげたくなる気持ちもあるけれど、「右にならえ」「長いものには巻かれろ」的な思考が染みついている五十路手前の私はつい意地悪な想像もしてしまう。グレタさんのような人物が自分の身の回りに現れたら、はたして素直に共感できるだろうか。もし私が彼女のクラスメートだったら、あるいは、彼女の会社の上司だったら？　今の日本って、それを受けとめ、活かしていける社会なんだろうか、と。

若者たちの社会運動について研究し、『みんなの「わがまま」入門』（左右社刊）という本を書いた立命館大学准教授の富永京子さんに疑問をぶつけてみると、こんな答えが返ってきた。

「社会に広く意見を伝えようとすれば、それは『わがまま』とか、自分も我慢しているのに『ずるい』と言われる傾向が、今の社会にはとても強いと思います」

これは日本に限ったことではないかもしれない。自身が発達障害の一種、アスペルガー症候群だと公言しているグレタさんは、「精神的に病んでいる」「大人に利用されている」といった、自らの主張とは関係のない攻撃や批判にさらされている。

富永さんは言う。「彼女の年齢や障害、あるいはそれに付随する『勉強不足』『操り人形』といった批判は、直接・間接的に生まれついての『属性』への批判であって、彼女の議論内容に対してではありません。これは（安保法制の時の）日本のＳＥＡＬＤｓや香港の雨傘運動、台湾のひまわり運動もたどってきた道です」

ただし、グレタさんを称賛する側もやはり「属性」から逃れられていないのではないか、と富永さんは指摘する。「社会運動を応援するのは大事ですが、『年齢』『性別』といった属性に還元されてはいけない。それは結局、本来推し進めようとする社会的貢献に逆効果になってしまうのです」

はっとした。トランプやプーチンと渡り合う16歳のけなげな少女だからこそ、大人たちは応援も、批判もしたくなるわけで、私のようなおじさんが会社をストライキして同じ主張をしたとしても、さして注目されないに違いない。

あれ、ちょっと待てよ。ここでふと、新たな疑問が浮かぶ。ストライキ、デモ……そういった社会運動は、民主主義で認められている市民の権利だけれど、そもそも、日本の多くの若者たちはグレタさんのような存在に、さらに言えば、政治的な活動や社会運動にどれほど関心があるんだろうか?

空気を壊さないように生きる

ちょっと気になる調査結果を見つけた。半世紀近く続く「世界青年意識調査」。1972年から5年おきに、世界各国の若者たちを対象に行っている調査の最新2018年度版を見ると、「政治に関心がある」と答えた日本の若者（13〜29歳）は43・5％で、前回13年度に比べて６・６ポイント低かった。これはドイツ（70・６％）、米国（64・９％）、英国（58・９％）など他の調査対象６カ国と比べても最も低い結果だった。

なるほど、データを見る限りは、「日本の若者が政治に関心がない」というのはあながち間違いではないように見える。

しかし、富永さんは２０１８年にいくつかの高校で若者たちと交流した時、少し違う印象を受けたという。「18歳で選挙権を持ってしまったということもあり、彼らは基本的に真面目で、政治にも関心がないわけではありません。ただ、職業的な利益から政治に関心を持てる大人と違って、立場が流動的な中、政治に関わらなければいけないのは分かっているけれど、どうすればいいか分からないというように私には見えるのです。そして、もう一点、周囲にすごく配慮し、なるべく空気を壊さないように生きているという現実があります」

うーん、つまり政治に興味はあっても、それを意思表示したり、行動に移したりするのは人の目が気になって、はばかられる、そういうことなのかな？　私の勝手な思い込みかもしれないが、「デジタルネイティブ」と呼ばれる世代は、ＳＮＳを自在に駆使し自分の意見をどんどん外部に発信しているイメージがあるけれど……。

いえいえ、それはあくまで内輪だけのやりとりで、むしろSNS上でのほうが社会に対しての批判は難しいのでは、と富永さんは言う。「このままだと消費増税してしまうから選挙に行こうね、とSNSで書いたら、誰からも『いいね』が付かなくて落ち込んだという話をある学生から聞きました。その投稿に『いいね』を付けるのもちゅうちょするほど、政治は彼らにとってセンシティブイシューなのでしょう」

そんな窮屈な思いをしている若者たちに答えたいという思いが、富永さんが「わがまま入門」を執筆するきっかけになったという。「社会運動をしたいけど、できない」という若者たちにインタビューを続けるうちに、富永さんは若者たちに共通する「意識」に気づいた。

「社会運動の事例について話していても、彼らは例えば『話し合って決める』『協力して解決する』といった事例には肯定的なのですが、一方で、論争や衝突を伴うようなものは身近なことであれ、遠くのことであれ、あまり好きではありません。だから、政治に暴力的な要素が伴う、あるいは権力との衝突を伴うようなデモのような行動は回避したい。平たくいえば、バチバチしたくない、そんな感覚がとても強いのです」

この観察をもとに、富永さんら日本の研究者が参加する一般社団法人「シノドス国際社会動向研究所」が2019年、インターネット経由で「生活と意識に関する調査」を行った。国勢調査による性別・年齢・地域別人口の割合に基づき20～69歳の1000人を対象に調べたところ、とりわけデモに対する認識の世代差が大きいことが分かってきたという。「とくに20～40代ではデモに対するネガティブなイメージが強く、50～60代ではポジティブな認識が強いという特徴が浮かびあがってきました」と、富永さんは指摘する。

バチバチしたくない……。そういえば、第1章で紹介した女子学生Aさんにインタビューしたとき、彼女が国会論戦に嫌悪感をあらわにし、こう語っていたのを思い出した。「政党同士が明らかに敵対して、ずっと同じ問題について相手の悪いところを探り出すような話ばかりしている。ずっと敵対関係にある相手をおとしめることばかり考えているように見える」

国会論戦とは、そもそも相手の主張の矛盾をついて論破し、自分の主張を有利に展開するもの。勝手にそう思っていた私には、議論そのものに嫌悪感を覚える彼女の見方がとても新鮮だった。

でも、こうして富永さんにあらためて指摘されると、腑に落ちるところもある。そこで、注目すべきキーワードは、ＳＮＳと「論破」だ。

議論はイヤ、正解を知りたい

富永さんは言う。「特にＳＮＳで論争が可視化されるようになって、社会運動における『論破』の側面がかなり強く認識されているように思えます。社会運動に否定的な人には、社会運動は必ずしも勝ち負けを決めるばかりではない、議論の末に新しいものが見つかるし、そこには意見のぶつかり合いも必要不可欠だと伝えているんですが、それでもバチバチと議論することに忌避感があるのかもしれません」

たしかに、人と意見が食い違って険悪な雰囲気になるのを避けたい気持ちは、私もなんとなく理解できる。年齢を重ねるほどに、何でも丸く収めたくなるものだ。

でも、富永さんによれば、若者たちの理由は少し違う。「これは若者に限ったことでもないですが、社会運動を敬遠する理由としてよく耳にするのが、『もっと丁寧な言い方をしてほしい』というものです。乱暴な言葉で主張するのは政治じゃない、民主主義ではない。みんなで丁寧に話し合って決めるのが民主主義であって、うるさく言っているのは、単なるノイズじゃないか、と」

そして、もうひとつのキーワードが「正解」だ。政治には興味があるけど、どうしたらいいか分からないという学生たちとの対話を重ねるうちに、富永さんは「正解を知りたい」という意見が多いことに驚いたという。

「政治を勉強するには何新聞を読めばいいのか。だけど、新聞だって偏っているかもしれない、ウェブにも正しいことが書いてあるとは限らない。そういう中で正しいものがあるとすれば、それは何ですか、と質問されることが多いです。偏りをつなぎ合わせ、自分の偏りを自覚するよりほかに方法はないと思うのですが、『正解』へのプレッシャーや、失敗できないという思いが彼らには強いのでしょう。これもまた若者に限らずですが、『主流』から外れたら完全にドロップアウトしてしまう社会、なんて言われて育ってきているわけですから、当たり前かも知れません。これについても（シノドス国際社会動向研究所で）調査してみると、特に20代は６割の人々がデモに対して『偏っている』というイメージを抱いていて、これは60代の倍に当たります。さらに、その認識は社会運動へのネガティブなイメージに結びついていることも分かりました」

ただし、こうした考えは、私のような親世代にも共通する部分がある、とも富永さんは言う。「親世代の方にも聞き取りを行うと、正直なところ子供には社会運動はやってほしくない、そういう意見はとても多いです。どちらかといえばリベラルな家庭の保護者でも、特に若い世代の運動に対しては危険だ、という印象を持つ人もいる。『社会運動をして、浅間山荘事件みたいなことになってほしくない』という言葉を聞いて、ちょっと衝撃を受けました。(グレタさんに触発された世界中の若者らが一斉にデモをする)グローバル気候マーチなどを見て、認識が変わってくれればいいのですが」

「ふつう」から外れることへの恐怖

ここで世界に視点を向けてみよう。それぞれの国で社会も文化も異なることを割り引いても、若者たちが社会運動に参加して、政治を揺るがしているシーンが目に付く。香港の雨傘革命、台湾のひまわり運動、若者政党として知られるスペインの「ポデモス」は大学発の政党だった。韓国の朴槿恵大統領の退陣を求めたろうそく集会では、大学生だけでなく中高生も大勢が足を運んだ。

日本でも2015年、安全保障関連法に反対する学生や母親らが各地の街頭に出て注目されたけれど、その象徴の学生団体「ＳＥＡＬＤｓ」は翌年、解散。香港や台湾、スペインほどの大きなうねりにはならなかった。

そんな状況をデータも裏付けている。先ほどの世界青年意識調査（18年度）で、「将来の国の担い手として、積極的に政策決定に参加したいか」という問いに「そう思う」と答えた若者の割合は、米国（69・6％）がトップ。日本は33・2％で、6位のスウェーデン（47％）にも大きく差をつけられ、比較対象7カ国中でダントツの最下位だった。13年度の調査でも35・４％とそんなに変わっていない。デモでも選挙でも、社会は変わらないという感覚が、日本の若者たちの間に強いのだろうか。

だけど、こうも言えるんじゃないか？　日本はいま平和である。眠れる獅子じゃないけれど、いざ国を揺るがす緊急事態となれば、日本の若者たちだって立ち上がるんじゃないだろうか。デモ隊に死者を出しながらも、激しい抗議活動を続けた香港の若者たちのことだって、テレビやネットで見て共感した人も少なくないのでは？

富永さんはこう説く。「もちろん、香港の運動には共感する人も少なくないと思います。例えば、安全保障関連法に対するＳＥＡＬＤｓの運動は少し前になりますが、今年もブラック校則、就活をめぐるパワーハラスメント、大学入学共通テストをめぐる運動など、『当事者』の運動は数多く見られて、声は格段に上げやすくなっているでしょう。ただ一方で、若い人に限らずですが、自分を『当事者』から切り離すような言葉も見られます。例えば、消費増税の問題を考えてみましょう。消費は子供だってするわけですから、究極の当事者であるはずですが、10%になっても実際に声を上げる人々は子供であれ大人であれそう多くない。『でも、海外では15%とか税金をとるところもあるし』といった声もある。あえて距離を取ることで、政治と関わることから回避する態度もあるのかな、と」

それって、分かっていて、わざと切り離しているのか、それとも本当に関係がないと思っているのか、どちらなんだろう?

若者だけではなく全ての世代にも、そして自分にも言えるとしたうえで、富永さんはこう分析する。「ひとつは、声を上げたところで有効性があるのかどうか、というところへの疑念ではないでしょうか。社会運動の有効性に対する認識は、日本は決して高いとは言えないし、期待をかければかけた分、かなわなければがっかりしてしまうところも大きい。自分が当事者であるような問題なら、なおさらそうでしょう。だとすれば、当事者であることそのものから自分を切り離したほうがいい、と考えるのは、それほど不思議なことではないのです」

その奥底にあるのが「恐怖」ではないか、と富永さんは考えている。

「もうひとつ『自己責任』という考えが生み出す恐れも強いと思います。自分の被る被害は、政治の責任ではなくて自分の責任と考えるから、政治の問題に対して『当事者感』が見いだせない。見いだせたとしても、自助努力で対処すべきものと考えてしまう。これもやはり若い人に限らずのことで、30代、40代などでもある程度はおなじでしょう」

それを象徴するようなエピソードがある。富永さんの聞き取りの中で、就活生が友達とＳＮＳのやりとりをする際に、絶対に表示させないワードとして「内定」を設定しているという語りがあったという。友達が企業から内定をもらったことを知りたくない。自分はダメな人間だと傷つきたくないから、先回りして「予防線」を張るためだという。

そこには、「みんな同じ」という幻想がまだ根底にあるのではないか、と富永さんは分析する。「これだけ多様性がある世界ですから、本来はみんな違って当たり前です。かりに同じ大学にいたとしても、出自や背景などを見れば、かなり大きな幅があります。それなのに、『ふつう』というものがあるかのように親世代から育てられてきたせいか、就職がうまくいかなければ、自分の努力が『ふつう』に満たないのだ、と思い込んでしまう。実際にうまくいかなかったとしても、それは偶然や環境のせいもあるはず。でも『自分のせいだ』と考えてしまうのです」

そして、「恐怖」は別の作用を引き起こす。弱い立場の人が主張すること、つまり「わがまま」への嫌悪感だ。

「弱い立場の人を見る分には『かわいそう』で済むのですが、その人たちが主張し始めると、自分も苦しい、こんなに我慢しているのに、『わがまま』を言っているあなたは『ずるい』という感覚になるのではないでしょうか。これもやはり『ふつう』への幻想が強すぎるからだと思います。格差が拡大し、多様性の中で差異も広がっていて、親世代が想定した『平等』や『ふつう』の枠ではとらえきれなくなっているのではないでしょうか」

日本にグレタさんは生まれるか

「若者に限ったことではない」——。富永さんはたびたび、このフレーズを繰り返した。そうなのだ。社会に対して、「わがまま」を言えなくなっているのは、決して若者たちだけの話ではない。偉そうに分析している私自身にも、そのまま当てはまるのだ。

2019年秋の国連演説後も、「グレタ旋風」が続いた。第4章で紹介したブラジルのボルソナロ大統領は温暖化対策に懐疑的な立場から、グレタさんをポルトガル語で「ガキ」

を意味する「ピラリャ」と呼んだ。同年末、米タイム誌恒例の「今年の人」にグレタさんが選ばれると、こんどはトランプ米大統領がかみついた。あれやこれや騒ぎ立てる「大人」たちに対して、グレタさんが落ち着いた対応を取っていたのがせめてもの救いではある。

日本でも2019年12月、小泉進次郎・環境相が記者会見で、グレタさんについて「影響力、すさまじいものがある」と一定の評価をする一方で、「大人を糾弾するのではなくて、全世代を巻き込むようなアプローチを取るべきだ」などと異論を述べている。私自身も、彼女の話題になると「困った子だね」と顔をしかめる企業人やタクシーの運転手に出会った。もしも日本でグレタさんのような存在が現れたら、受け入れられるか。正直、胸を張って「そうだ」と言えない。

こんど5歳になる娘が、大人に気をつかって言いにくいことは声を潜めるようになった。成長がうれしい半面、ちょっぴり不憫にも思う。グレタさんの芽をつぶさない。大げさかもしれないけれど、私たち「大人」にもできることもあるんじゃないか。自戒を込めて、そう思った。

第6章　「選挙には行くけれど」という若者たち

どうせ、何にも変わらない。数年に一度、そんな気持ちにさせられるものがある。選挙だ。投票権を持つようになって30年近く、国政選挙、地方選挙……いろんな選挙で投票所に足を運んだけれど、自分が票を投じた候補が勝った記憶がほとんどない。望むような政権になったことも。「それが民主主義だから、仕方ないだろ」「日本はそこそこ順調だから、気にするな」――。そう言われれば、返す言葉もない。だけど、ふと、素朴な疑問が頭をもたげる。選挙って、そもそも機能しているんだろうか、と。

有権者が選挙を通じて政治家を選び、政治家が政策決定を行う。極めてざっくりと言えば、これが私たちが慣れ親しんでいる「代議制民主主義」の仕組みだ。歴史的な曲折を経て、第2次世界大戦後に世界中の民主主義国家で広く採用されているこのシステムが、経済成長の鈍化やグローバル化の影響を受けて、今や機能不全に陥りつつあると専門家たちの間で言われている。

それでは、日本の若者たちは選挙に対して、どんなイメージを持っているのだろうか？

「とにかく投票すればいいかな」

日本の若者と民主主義について取材していると知って、旧知の研究者が3人の大学生を紹介してくれたのは２０１９年10月のこと。大学キャンパスの一室に集まってくれた３人は、男子学生（当時４年）と2人の女子学生（いずれも同３年）だった。３人とも留学経験があり、国際問題にはそれなりに興味はあるけれど、日本の政治制度について専門に学んでいるわけではない。「18歳選挙権」が初めて導入された２０１６年の参院選挙に話題が及ぶと、それぞれ政治に直接関わったときの思い出を語ってくれた。

投票初体験、どうでした？　なんか、ドキドキしませんでした？　あとで選挙の特番とか見てどう思いました？　そんな私の質問に、女子学生の一人、Ｃさんはこう答えた。

「ドキドキとか、ぜんぜんないです、やったーとかも。選挙権もあるし、行った方がいいのかな、とそれぐらいで。選挙権も下げられたし、じゃあ、とりあえず行っておくのがいいのかな、と。そういう気持ちでした。あとで結果を見て、こうなんだ、というのも全然なかったです。」

へ？　予想と違う冷めた答えに面食らいつつ、Cさんに尋ねる。じゃあ、投票に行かなくてもいいやとは考えなかったの？

「本当はぜんぜん行く気もなかったんです。結局、政治家の人たちが何をやっているかも、何をやりたいのかも分からないし、どうせ投票しても無駄だろうという気持ちもあったんですけど……。でも、投票しないと文句言う資格ないよって、誰かに言われて。その時だけは家族も、せっかく選挙権もらったんだから行ってみなよ、という感じだったんで」

でも、誰かに1票を投じてきたんですよね？　どんな基準で候補者を選んだの？

「ほんとに（候補者がどんな人物か）分からないので、名前を知っている人に入れちゃいました。私の場合は、政党も関係なく、人で。（投票所に張ってある名簿を見て）あまり悪い印象を持っていないから、この人にしようかなと、そんな感じで決めました」

私はかつて幾度となく聞かされた、あのフレーズを思い出した。「民主主義は参加することに意義がある」――。たしかに、そうだと思う。でも、本当にそれでいいんだろうか、と思ってしまう自分がいる。民主主義ってとにかく参加すれば、それでいいの？ おじさんの率直な疑問を思い切ってぶつけてみると、Cさんは明るい表情でこう答えた。

「はい、私はそう思います。（選挙に）行ったのって聞かれて、私は行っていないというのは終わりかな、と思って。私は行ったよって、少なくとも言えるかなと思って。そっちの方がいいのかな、って」

「あなたの1票が変える」はウソ？

読者の皆さんに誤解を抱かせたくないのだが、Cさんをはじめ取材に応じてくれた学生さん3人はとても真面目で、民主主義に一定の知識と理解を持っている若者たちだった。第1章で紹介したAさんやBさんと同じく、Cさんも今の民主主義にこんな疑問を抱いていた。

「独裁と民主主義だったら、絶対に民主主義の方がいいです。でも、政治家の不祥事とか見ていると、民主主義って本当に良いのかなって思ってしまう。どうして、この人たちは私よりも頭がいいのに、こんなことしちゃうんだろうって。しっかりやってくれている人もいるのは分かりますが、ダメな人ばかりテレビに出てくる。それを見ていると、信頼感がなくなるというか、え、それって本当に私たちのためなのって、あなたたちの利益じゃないのという気持ちになってしまう。だから、今たまたま民主主義ですけど……今の民主主義が良いのかって聞かれたら、それは分かりません」

もう1人の女子学生、Dさんも選挙に対する複雑な心境を話してくれた。

「選挙は定期的にあるけど、何かが変わったという実感を得られずに育ってきました。正直そこまで選挙への関心も無い。だって、しょせん1票だし……小学生のとき、選挙の啓発ポスターに、『あなたの1票が変える』って、自分で描いていたのになって、自分でも思うんですけど……」

うーん、しょせん1票、か……。そんなふうに言われると、私も共感してしまいそうになる。彼女たちの言葉の背景には、選挙で自分の代わりに政治を行う人を選ぶシステム、つまり「代議制民主主義」への不信感のようなものがあるように感じられる。

そこで、『代議制民主主義』（中公新書刊）などの著作がある京都大学大学院法学研究科教授、待鳥聡史さんに教えを請うと、意外な答えが返ってきた。

「選挙で1票を入れても結果は変わらない、それはその通りなんですよ。有権者がなぜ投票するのか、政治学的にも本当のところ、明快な説明があるわけではないのです」

え、政治学的にも明快な説明がない？　鳩が豆鉄砲を食らったような顔をしている私に、待鳥さんはこう諭した。「考えてみて下さい、有権者が本当に合理的だったら、投票には行かないはずです。だって、自分の投票によって結果が変わらないことは分かりきっていますから。選挙の結果が1票差で決着がつく可能性が果たして何％あるか、確率で考えたらほぼゼロです。そういう発想に立つ限りは当然投票には行かないということになるんです」

言われてみれば、確かにその通り。それでも、選挙があれば投票に行くべきであると私たちは学校で当然のように教わってきた。あれは、何だったのだろうか。

それは「投票に行くのは良いことなんだ」というお約束に基づいて行動しているに過ぎない、と待鳥さんは言う。「やや単純化していますが、政治学的な説明をしていけば、投票というのはある種の義務感や習慣で成り立っているのです。それに加えて、自分の1票だけで効果があったとは思わないにしても、自分を含めた多数派が政治権力を握って、その人たちがつくった政策が、まあ悪くないことになっているんだという『有効性感覚』と

いうものが、ひとつの土台になっている。それは言い換えれば、多数派になっていること
を確認しているだけなのです。あるいは、少数派に入っていることかもしれませんけど」
「有効性感覚」——。耳にした覚えがある。いわゆる、自分の1票で物事を左右できる
かもしれないという感覚のことだ。選挙に行って「報われた」と思える実感、とでもいえ
ようか。かつて、アイドルグループ「AKB48」の選抜総選挙について取材したとき、「推
しメン」（お気に入りのメンバー）のために、投票権付きのCDを段ボール箱で買い込む
熱心なファンがいるという話を聞いた。AKB総選挙を授業に採り入れている政治学者か
ら、「あれは政治的有効性感覚がビンビン刺激される仕組みなんです」と教えてもらった。
この話は第9章でもう少し詳しくご紹介するが、今は学生さんたちの言葉を思い出してみ
よう。

学生のDさんは、選挙で何かが変わったという実感が得られずに育ってきたと語ってい
た。これはまさに、政治的有効性感覚が失われているっていうことなのではないか。

他方、Cさんは選挙に行ったかどうかを他人に聞かれて困らないようにするために投票
したと話していた。感覚的には理解できるけど、政治学的にはどう説明できるんだろうか？

そこで待鳥さんが例に挙げたのが、オリンピックのボランティアだ。一般の人にとって

みれば、たとえ自分が参加しなくても、オリンピックそのものは問題なく開催される。でも、ナショナルイベントともいえる国家の一大行事、できることなら参加したい。それが人情というもの。あとでテレビ中継を見て、自分が手伝った競技の会場が映ったときに、そこで私がチケットを配ったのよ、とみんなに言いたい。そんな「一体感」を得たいという感情が、国家の一大行事ともいえる選挙で有権者を投票所に向かわせている――。待鳥さんはCさんの気持ちをこう読み解く。

なるほど、そう聞けば、Cさんの発言も腑に落ちる。選挙に行ったかと誰かに聞かれたときに「行っていない」と言いたくない、とりあえず私はこのイベントに参加したと言えるから、誰を選ぶかは考えていなかったけど投票所に足を運んだ――。そういうことなのだ。

待鳥さんは言う。「政治学的に言うと、特定の政党や候補者への支持ではなく、民主主義の仕組みそのものを良いと考えている。つまり、政治体制への支持です。政治学では『一般支持』とか『システム・サポート』と呼んでいます。そういうものが今の有権者の中では、言うなればある種のイベント参加の感覚とないまぜになっているんだと思います」

システム・サポート……民主主義というシステムそのものへの信頼感ということか。でも、イベントに参加するといっても、選挙は究極的には多数決だ。そこには、いやがおうにも「勝ち」と「負け」がある。いつも多数派に属して勝っている側なら気持ちいいかもしれないけれど、私のように選挙のたびに自分の候補者が負けている少数派の人たちは、参加するのがバカバカしくなってしまうのではないだろうか。もう選挙なんて行くのやーめた、と。現に日本の国政選挙は投票率の低迷が問題になっている。２０１９年夏の参院選挙でも、投票率は50%を割り、戦後2番目の低さだった。

選択肢がないから選挙では棄権する――。実際、待鳥さんの教え子の中には、そういう立場の学生もいるようだが、それでもやはり棄権はしない方がいいと呼びかけているという。

「よく、棄権も選挙では（政治意思を伝える）シグナルになると言いますが、棄権で候補者が魅力的でないということが伝わるでしょうか。そんなことはありません、どう受け取るかは相手の自由ですから。実際に棄権をする人の理由なんて山ほどありますが、棄権はやはり棄権です。そういうことにならないために、権利行使はしておいた方がいいのです」

実利志向と「野党は要らない」

うーん、待鳥さんの言うことは分かるけど、勝った方が負けた方の言い分もある程度は聞いてくれないと……。第1章で紹介した学生Aさんのように、民主主義そのものは否定しないけれど、選挙で負けた側の野党が勝った側の与党にゴチャゴチャ言うのはおかしい、と言われたら立つ瀬がない。こうした「多数派」の考え方も、システム・サポートとイベント参加の一体感ということで説明できるのだろうか。

現代日本の若者たちは長期政権下で育ってきたという特殊事情もある、と待鳥さんは言う。「今の学生って、たとえば20歳とすれば10代はほぼ同じ政権です。そうすると、安倍政権とか自民党が与党という状態がもうなんか、すごく自然な状態なんだと思うんです。それだけ続いていて、しかも極端に世の中が悪くなっている風には思えない時に、なんでわざわざ政権を変えなきゃいけないのか、みたいな気分を持っていると思います。野党に発言する資格がないとか、野党は黙っておくべきとは思わないにしても、野党はぜんぜん期待できないし、変なことばっかり言っているよね、と考えている学生はたぶん、けっこういるんだろうなと思います」

そして、その根底にあるのは、「実利」を追い求めてしまう現代の若者たちの習い性ではないか、と待鳥さんは読み解く。経済状態の停滞が長く続くなかで育った現代の若者たちは、基本的にとても真面目で、良い子たち。親に迷惑をかけて進学させてもらい、学費や生活費を負担してもらっているんだから、それを無駄にしてはいけないという意識が強い。待鳥さんは、この10年ほど教え子たちと接しているとそう感じるという。

それに輪をかけるように周囲の大人たちも、若者たちに過剰なほどアドバイスする。時間を無駄にするな、ぼうっとしているひまがあったら語学を学べ、スキルを身につけろ、と。

待鳥さんは言う。「そういう思考フレームの中で、野党の出番は無いんですよ、基本的に無駄なので。国会で法案修正なんかしないタイプの意思決定メカニズムの場合には、選挙で与野党が画然と分かれて、その後は基本的に与党の政策決定でものごとは決まっていきます。今の日本を含め、そういうプロセスの国では基本的に何か特別なことが起きない限り、野党に事態を大きく動かすような出番はありません」

分かりやすい類例として、待鳥さんはアメリカの大統領に対する副大統領や、昨今日本のワイドショーなどを賑わせている英国王室の王族を挙げる。

日本が採用する議院内閣制の下では、選挙と選挙の間で野党が担う重要な役目は、議会で与党の政策をチェックし問題点を指摘することである。そして、それはとりも直さず、次の選挙で自分たちの方が優れていることを有権者に示すためでもある。

「でも、それ自体は明日のための議論をしているんです。つまり、今日のための議論ではない、だからある意味、『無駄』、あるいは『冗長性』とも言えます。今の実利志向の若者たちから見ると、不可解な存在に見えるし、分かりづらいんじゃないでしょうか」と、待鳥さんは言う。

「実利志向」とはすなわち、現実的な利益を追求するものの考え方である。夢を語ることも大切だけど、ふわふわしたことばかり言って身を持ち崩すより、将来を見据えているように感じる。だが、実利志向に傾きすぎれば、弊害もある。「正解」に執着し、本質的なものを見失ってしまう、と待鳥さんは指摘する。

「私が学生だった30年前に比べると、難民問題や環境問題を一生懸命に考えている学生さんがうんと増えているように思います。それは素晴らしいことで、まず評価すべきこと。ただ、今風に言えば、『意識高い系』の若者たちにはちょっとした落とし穴があるようにも感じます。ここにもある種の実利志向が見えます。効果的な政策を考えてやろう、社会を変革してやろうという気持ちはあるんですが、それは大部分が手段の話になっていて、原理や目的の話にはならないように見えます。難民は助けるべきだし、環境は保護すべきだし、答えはすでに決まっているのです。手段として何が良いかを考えているけれど、すでに決まっている答えを疑う作業にはあまり出番がない。一方、社会的な課題にそれほど関心を持たない、平均的な学生たちは、安定した就職先を見つけることに専心してしまう。それはやはり、彼らにとってすでに決まっている正解だということなのでしょう」

第1章で学生のBさんが、選挙の結果を見て自分が多数派に属しているのを知って安心したと話していた。あの感覚も「正解」を選んだことへの安堵感だったのではないのか。そして、こうした傾向は決して若い世代に限ったことではない。無駄や冗長性を嫌う空気が社会全体を覆っている、と待鳥さんは警鐘を鳴らす。

失敗を許容しない社会の果て

「このたびは御迷惑をおかけしました」——。不倫が発覚した俳優や、不祥事を起こした芸人が目に涙を浮かべて深々と頭を下げる光景が、テレビのワイドショーなどで連日のように流れる。自分は何の迷惑も被っていないのに、テレビの前でスッキリとした気持ちになることがある。朝日新聞GLOBEの2020年2月号特集「迷惑という迷宮」で同僚記者が詳しく紹介しているが、これは心理学用語「シャーデンフロイデ」が深く関わっていると言われている。シャーデンフロイデとは、「Schaden（害）」と「freude（喜び）」を合体させたドイツ語で、簡単に言えば「人の不幸から生じる喜び」という意味だ。「人に迷惑をかけるような行いをした者は罰を受けて当然だ」という、多かれ少なかれ誰しも持っている感情といえそうだが、最近それがＳＮＳで増幅されて大きなうねりになってしまう現象が脳科学者たちの間でも注目されているという。

待鳥さんは政治学的な見地から、社会全体が無駄や冗長性を許容しなくなってきていることも深く関わっているのではないかと見ている。「不倫した俳優さんとか、脱税した芸人さんとか、たしかに制裁は受けるべきだと思いますが、それに対する『叩き方』が尋常じゃない気がします。それは『不寛容な社会』とよく言われますが、私はそうは思いません。『失敗を許容しない社会』ではないでしょうか。『異端的な振る舞いを許容しない社会』と言ってもいいかもしれません。無駄や冗長性が社会の中で極小化しているので、自分も失敗できない、そして、相手の失敗も許すことができない」

実利をひたすら追い求め、無駄を極限まで省いて、他人の失敗を許容しない。そんなディストピアのような社会に暮らしたくないとは思うけれど、資本主義の本性とはそもそもういうものだ。利益を生み出すために、私たちはこのまま突き進んでいくほかないのだろうか。

そんな「失敗を許容しない社会」が続けば、利益を生み出すのに必要なイノベーションも生まれにくくなると、待鳥さんは説く。「冗長性があって、時間も無駄に使って良いと言われなかったら、自分がふだん慣れ親しんでいない思考法とか、土地勘のないテーマには目が向かない。そうすると、正解が分かっている問題にしか取り組まなくなります。でも世の中って、実際にはどういう方向に答えを出したらいいか、よくわからない問題ばかりです。専門家だって間違うことはあります。そういう間違いも含めて試行錯誤して前に進んでいくのが前提のはずなのに、失敗を許容しない社会では、それもままならない」

「無駄」と思えるものでも、時が経ってまったく異なる環境になった時に思わぬ威力を発揮して役立つことがある。組織も同じだ。効率ばかり求めて無駄を省き、ぎちぎちに詰め込んではいけない。ある程度のバッファーをつくっておかないと、柔軟な対応ができない。

「間違った人やアイデアが競争で必ず負けるのかといえば、そうでないことを私たちは経験上よく知っています。勝ち負けと、正解不正解は別個のところにある。だからこそ、現時点では『不正解』ということになっているけれど、捨ててしまうのではなく許容して、ある程度は残して泳がせておかなくてはいけない。もし何かうまくいかなくなった時に、かつては間違っていると判断されたけれど、それを引っ張り出してくることで難局を打開できるかもしれないからです」

それは政治の世界でも同じだ、と待鳥さんは言う。「野党とは何なのか。完全な反体制派ではなく、オルタナティブ（代替手段）なんです。江戸時代の徳川将軍家に対する尾張、紀州、水戸の御三家のようなもの。平時は無駄飯食いですが、将軍家から将軍が出せなくなったいざというときにオルタナティブとしての役目が回ってくるわけです」

でも、こうした冗長性を捨て去ってしまう傾向は日本だけでなく、世界的に強まっているように見えるけど……。待鳥さんはうなずく。「自分が選んだものが正しくて、それ以外のものは間違いである。そして、間違っているから負けていい、負けた連中は滅んでいいんだという発想になっていくわけです。負けたやつらを放ってはおかないんです。これはとてもまずいことです」

民主主義の優れた機能とは

待鳥さんによれば、冗長性や無駄を保つうえで、とても優れた「機能」を持つ仕組みがある。それが、民主主義だ。

「民主主義の優れている点は、『不完全』であることが分かっていて、それでいて間違いを続けないことなんです。選挙というのは1回ごとに『騙し』があって、騙されてしまう有権者は山ほどいます。でも、彼らは騙され続けることはない。歴史上、民主主義体制において、虚偽の主張に基づいてブームのように勢力を増しても、多くの場合しばらく経つと勢力を失ってしまう。有権者は初めこそ間違うけれど、何回か選挙を繰り返すうちに民主主義のもとでそのブームは修正されてしまうのです」

待鳥さんは著書の中で、民主主義の優れた機能を「ビルト・イン・スタビライザー（自動安定装置）」と呼んでいる。ただ、実利を追い求める現代社会では、この機能がこれまでのようにうまく作動しなくなっているようにも思える。民主主義の下で、少数派になったものに対して、多数派の許容度は下がっていくばかりだ。そこに待ち受けているのは、「多数派の圧倒する世界」だと待鳥さんは警鐘を鳴らす。

「少数派が主張すれば、多数派はこう考えるわけです。『少数派が存在していられるのは、私たち多数派が許容しているからなんだ。それなのに、少数派の方が多数派よりじつは賢い、みたいな議論をしないでほしい。悔しかったら勝ってみろよ』と。敗者の存在を取り除いていくことが続けば、民主主義のままでもかなり独裁に近づいていく。ポピュリストの世界とはそういうものです。自分たちの考え方が正しくて、あとは間違っているんだから、負けた連中の言うことはいっさい聞く必要がないんだ、世の中からいなくなっても仕方ないね、と。それが多数派の圧倒する世界です。そして、その息苦しさに気づいたときには、もう抜け出せなくなっているのです」

表向きは民主主義の皮をかぶっていても、多数派が圧倒すれば「独裁」と変わらない――。待鳥さんの言葉は、私の胸に重く響いた。

「民主主義は最悪の政治といえる。これまで試みられてきた、民主主義以外の全ての政治体制を除けば」とは、イギリスの元首相ウィンストン・チャーチルの言葉だが、本当にそう言えるんだろうか。

最後に待鳥さんはうなずいて、こう語った。「1回、1回、ワンショットの決定だけでみれば、民主主義は全然ベストの政治体制とはいえません。もっと優れた決定方法はあります。しかし、長く存続できるのかという視点で考えれば、民主主義に勝るものはありません。ただ、それは自由や多様性といった要素、無駄や冗長性を伴っていることが条件です。たとえ少数派であっても間違いではないし、ちゃんと予備の考え方を世の中にたくさん作っておく必要があるんだ。そういう考え方を受け入れるという条件付きではありますが」

Ⅱ

世界に広がる民主主義の危機

ロベルト＝ステファン・フォア／ヤシャ・モンク
濱田江里子＝訳

第7章　民主主義の脱定着へ向けた危険——民主主義の断絶

戦後40年に渡り西ドイツの主要新聞の一つである『ディ・ヴェルト』は、東ドイツという国の存在を認めることを拒否し続けた。『ディ・ヴェルト』の編集陣は、共産主義レジームは数年で崩壊すると予想していたため、ドイツ民主共和国（German Democratic Republic, GDR）について言及する際には常にその存在への懐疑的な姿勢を示すための引用符を用いて表記した。つまり他紙がGDRの政策について報道する中、『ディ・ヴェルト』は必ず「GDR」としてきたのである。

１９８９年の夏、『ディ・ヴェルト』の編集陣はついに東ドイツのレジームが崩壊に瀕しているという自らの希望的観測に終止符を打つ決断をした。共産主義レジームは長期に渡り権力の座を確立しており、引用符付きの表記は恥ずべき現実逃避であるとの認識に至ったのである。1989年8月2日に『ディ・ヴェルト』の記者たちはその歴史の中で初めて引用符なしでGDRについて執筆することが許された。三ヶ月後、ベルリンの壁が崩壊した。1990年10月3日、東ドイツは消滅した。

『ディ・ヴェルト』の編集陣は完全に時流を読み誤ったのである。共産主義レジームに対する支持が次第に弱体化していることに気づくべきまさにその時、彼らはその永続性を認めるに至ったのであった。だがこうした認識は『ディ・ヴェルト』の編集陣に限ったものではなかった。社会科学の研究者、政策形成者、ジャーナリストらがいずれもソヴィエト陣営が崩壊する可能性を真摯に検討しなかったという事実を我々は警告として受け止めるべきである。専門的な知識を有し方法論に厳格な研究者でさえ、直近の過去は信頼に足る未来への道しるべだと思いがちであり、極端な変化が生じることはないと考えてしまう。

30年前多くの研究者はソヴィエト連邦の安定した存続を疑わなかった。だがそれは突然覆された。今日、我々は世界の経済的に豊かな民主主義の定着に絶大な自信を持っている。だが果たしてこの自信の根拠は確固たるものなのだろうか。一見するとやや懸念すべき事項があるように見受けられる。過去30年を通じ北米と西ヨーロッパの民主主義では、議会や裁判所といった政治制度に対する信頼が大きく低下した。同様の傾向は投票率にも現れている。政党への帰属意識は弱まり、党員数が減少する中、市民の既存政党への支持も低下した。代わって有権者はシングル・イシューの運動を支持し、ポピュリスト的な主張をする候補者に投票し、自らを現状への反対派と位置付ける「反体制」政党への支持を強めている。世界で最も経済的に発展し政治的に安定した地域においてさえ、民主主義は修復が必要な状態にあるように見受けられる。

しかし大半の政治学者はこうした現象を自由民主主義がその機能を果たす上で抱える構造的な問題を示すものだと捉えることを断固として拒否してきた。ましてや、それが自由民主主義の存続そのものへの脅威だとは決して認めてこなかった。ロナルド・イングルハート、ピッパ・ノリス、クリスチャン・ウェルゼル、ラッセル・J・ダルトンら著名な研究者は、こうした現象は伝統的なエリートへの服従をよしとせず、現状に対し建設的な批判精神を有する政治的に洗練された若年層の増加を示す好ましい兆候だと捉えてきた。1975年のデビッド・イーストンによる分類に倣い、多くの研究者は「政府の正統性」つまり特定の政権への支持が低下していることは認めている。だが彼らは同時に「レジームの正統性」、すなわち統治システムとしての民主主義は頑健だと主張する。したがって人々は自国において民主主義がうまく機能していない、あるいは時の政権が不十分な仕事しかしていないとたびたび感じながらも、同時に自由民主主義では政府に対する抗議行動や選挙を通じた政権交代が可能であることのありがたみも実感している。こうした見解に則るとフランスやスウェーデン、アメリカといった民主主義の国では未だかつてないほどに民主主義が体制として定着し、安定していると考えられる。

しかし、筆者らは前述のような楽観的な認識はもはや妥当ではないと考える。世界価値観調査（世界のさまざまな国の人々の政治や社会に関する国際調査）の第3ウェーブから第6ウェーブ（1995年～2004年）のデータ中、筆者らは「政府の正統性」ではなく「レジームの正統性」に関係すると考えられる4つの重要な指標に着目した。一番目は民主主義体制そのものへの支持、二番目は市民権を始めとする自由民主主義の核となる制度への支持、三番目は既存の政治体制の中で自らの政治的主張の達成に向けた意欲、四番目は軍による支配といった権威主義体制への寛容さである。

筆者らが得た知見は憂慮すべきものである。民主主義が深く定着しているとされる北米や西ヨーロッパ諸国の多数の市民は、自国の政治的リーダーへの批判的な姿勢をただ単に強めたわけではない。より正確に言えば、彼らは政治体制としての民主主義の価値を疑い、自ら行動を起こすことで政策に影響を及ぼせるという希望を失い、民主主義に代わる政治体制としての権威主義の支持に前向きになっている。以前と比較し、民主主義の正統性への危機はより多くの指標に渡って現れているのである。

先進国の市民は民主的統治がなされている国で暮らすことをどの程度重要だと捉えているのだろうか。高齢層においては予想通り民主主義への傾倒は熱心で広範に渡る。アメリカでは戦間期生まれが民主的な統治をある種の神聖な価値と捉える様子が伺える。「民主主義の国で暮らすこと」がどの程度必要不可欠であるかを尋ねたところ、第二次大戦前に生まれた者の72％は1から10までの10段階評価中、最高評価である「10」と回答した。オランダの同じコホートでも55％が同様の評価をした。しかし、図7－1が示すようにミレニアル世代と呼ばれる１９８０年代以降に生まれたコホートでは無関心層が増加している。オランダのミレニアル世代では3分の1しか民主的な統治の国で暮らすことに最高の評価を与えていない。アメリカではさらに低く、30％程度となっている。

民主主義への支持の低下は単に年齢が若い者の方が高齢者に比べ体制に批判的だということを意味するわけではない。これは社会調査の専門用語でいうところの「年齢」の影響ではなく、「コホート」の影響に負う部分が大きい。例えば１９９５年の調査では、

図7-1「民主主義の国で暮らすこと」は必要不可決と回答した者の割合（10段階評価で10と回答した者の割合）

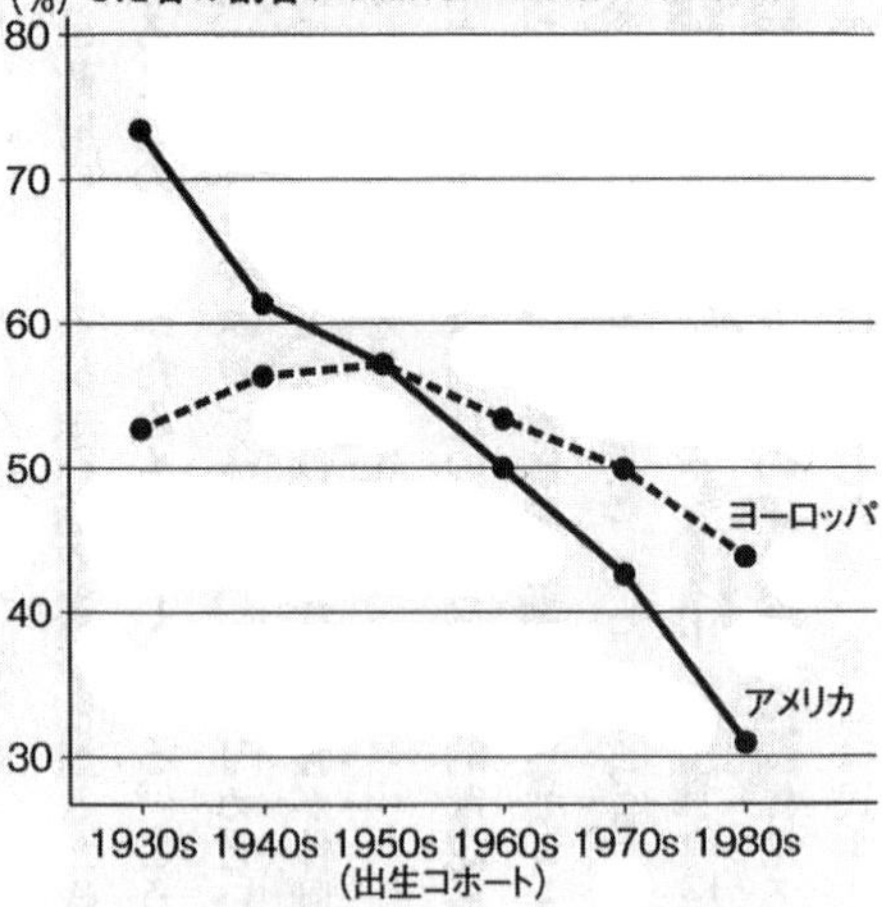

出典：世界価値観調査ウェーブ５と６（2005-14）

１９７０年代生まれ（調査時に10代後半から20代前半）のうち、民主主義は自国にとり「悪い」政治体制だと答えた者は16％に過ぎなかった。20年後、同じコホートに占める「反民主主義」者は４％程度増加し、20％となった。１９８０年代生まれから構成される次のコホートでは、さらに反民主主義的な傾向が強い。２０１１年の調査ではアメリカのミレニアル世代（調査時に10代後半から20代前半）の24％が民主主義に則った国の統治を「悪い」あるいは「非常に悪い」と評価した。ヨーロッパではアメリカと比較するとこうした動きは緩やかであるが、全体としては同様の傾向が見られ

図7-2　民主主義に則った国の統治を「悪い」「非常に悪い」と評価する者の割合

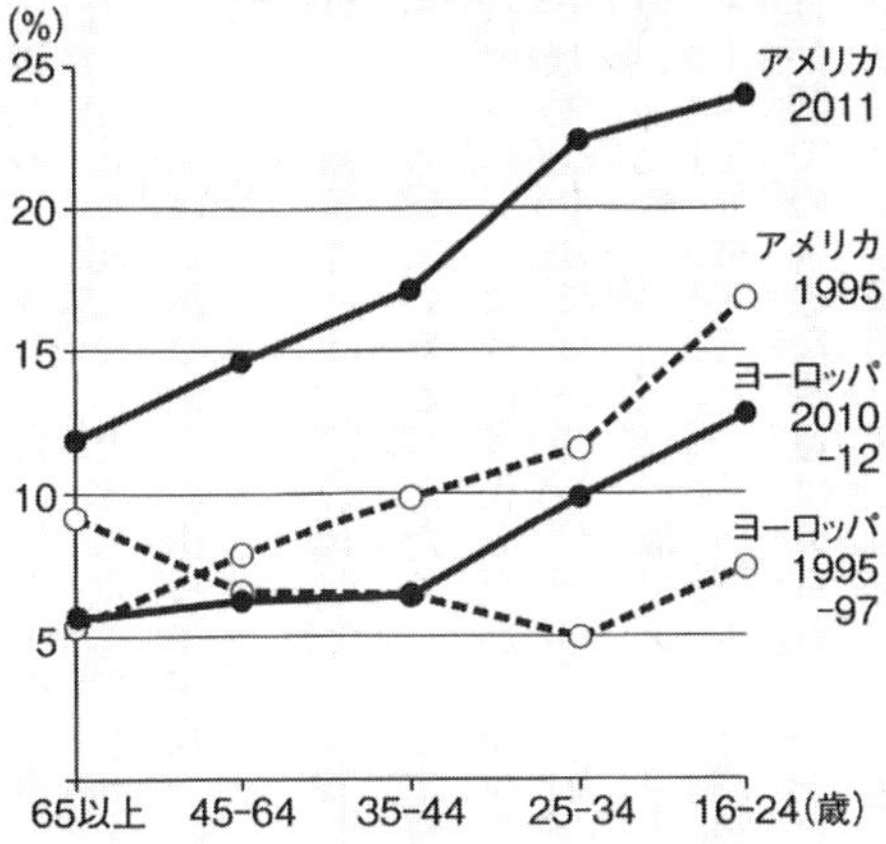

出典：世界価値観調査ウェーブ3から6(1995-2014)

る。２０１１年の調査ではヨーロッパの16歳から24歳の若年層のうち13%が民主主義に則った国の統治を「悪い」あるいは「非常に悪い」と回答しており、これは１９９０年代半ばの同年代と比較し8ポイント高い（図7－2参照）。

以上の通り、世論調査のデータは世代間の回答傾向に顕著な反転現象が生じていることを示している。少し前まで若者の方が高齢者に比べ民主的な価値観をはるかに熱心に支持した。１９８１年から１９８４年、１９９０年から１９９３年にかけての初期の世界価値観調査では、若年回答者は高齢回答者に比べ言論の自由を守ることを強く支持し、急進的な政治を受け入れる動きは弱かった。だが今日では両者は逆転している。全般的な傾向として北米と西ヨーロッパでは若年層において急進的な政治への支持が高く、言論の自由への支持は下がっている。

民主的な制度からの撤退

人々は漠然と「民主主義」への忠誠を誓いながらも、同時に民主的な統治に不可欠とされる多くの重要な規範や制度を否定することがあり得る。したがって、なぜ民主主義への支持に変化が生じたのかを理解するためには、人々が民主主義をどのように捉えているのかに加え、民主的な制度への参加がいかに変化したのかも検討しなくてはならない。定期的な選挙の実施という民主主義を満たす最低限の構成要素以外にも、権利保障や政治的、社会的自由の保障といったリベラルな価値観へのコミット、自由民主主義に根ざした制度を用いて政治的変化を起こそうとする意志の有無を考察する必要がある。それでは政治参加と自由民主主義への支持は近年どうなっているのだろうか。

世界価値観調査では２００５年まで民主主義の解釈にまつわる質問を設けていなかった

ため、民主主義への人々の認識が時代と共にどのように変化したかを知るための直接的な時系列データは十分にない。だがその代わりに世代コホート間の違いを比較することは可能である。ヨーロッパとアメリカのデータを分析するとリベラルな政治制度への支持に関する世代間での大きな相違は見られなかった。しかし民主主義をリベラルな価値を含む概念として捉える様子はミレニアル世代（１９８０年代以降生まれ）では、その親となるベビーブーム世代（１９５０年、１９６０年代生まれ）ほど深く根付いていない。アメリカでは戦間期から戦後直後生まれ世代のうち41％が、民主主義では「社会権が人々の自由を守ること」が「絶対に必要だ」と答えているのに対し、ミレニアル世代では32％だった。ＥＵでは同じ質問に対する回答が戦間・戦後期世代では45％、ミレニアル世代では39％であった。

代表制民主主義がリベラルであるための最低限の構成要素として、選挙は自由で公正でなければならないという認識は不可欠だろう。成熟した民主主義では依然として過半数以上の人々がそうした認識を共有してはいるが、若年層において低下が目立つのは由々しき事態である。アメリカでは民主主義において「指導者を自由な選挙で選ぶこと」は「重要でない」と答えた人の割合は、戦間期生まれで10％、ベビーブーム世代で14％だった（「重要でない」は10段階評価中1から5と回答した者を指す）。これに対しミレニアル世代では26％

が「重要でない」と回答した。アメリカほど顕著ではないものの、ヨーロッパでも同様の傾向が観察される。戦間期とベビーブーム世代では自由で公正な選挙は「重要でない」と回答した者が9％だったのに対し、ミレニアル世代では13％となった（ただし時系列データに欠けるため、これらの調査結果は予備的なものであり、今後さらに継続的に調査を行う必要がある）。なお上記の結果を持ってして、若年層が世界的に民主主義を非リベラルな意味合いで解釈していると捉える必要はない。なぜならば中国やインド、サハラ砂漠以南のアフリカといった地域では真逆の傾向が観察されているからである。

民主主義が健全であるかは社会権を始めとする政治的価値への支持だけでなく、十分な情報と知識を有する市民による積極的な参加にも依拠する。ガブリエル・アーモンドとシドニー・ヴァーバが1963年に出版した古典的名著『現代市民の政治文化——五カ国における政治的態度と民主主義（*The Civic Culture*）』を始めとする一連の研究は、市民による社会参画が公共財の調達、役人の説明責任の担保、政策実行力の高い政府の成否に影響を与えることを明らかにした。こうした先行研究があるにも関わらず、フォーマルな政治参加からの離反が長期にわたり顕著な現状は悩ましいと言わざるを得ない。1960年代以降ほぼ全ての民主主義国では投票率が低下し、政党の党員数も減少している。

若年層では民主主義の核を成す価値観へのコミットが薄れるのと同時に政治活動への参加も減少している。西ヨーロッパとアメリカの若年層の政治への関心は急速にかつ顕著に低下している。他方、高齢層では大きな変化は見られず、場合によっては上昇さえ生じている。その結果、全体的な傾向としては人々の政治活動への参加はアメリカでは60％前後、ヨーロッパでは50％前後で推移してきた。人々がどの程度政治に関心があるのかを把握することは確かに重要である。しかし総和的な数値に基づいた議論は、人々の政治参加を巡る最も重要な論点を隠してしまっている。それはすなわち政治的無関心の世代間格差が著しく進展しているという事実である。

１９９０年には16歳から35歳のアメリカ人の53％、36歳以上のアメリカ人の63％が「政治に非常に関心がある」、「政治に関心がある」と回答した。２０１０年のアメリカでは政治に関心がある若年層は12ポイント減少し、壮年層は４ポイント増加した。その結果、若年層と高齢層の間での関心度の差は10ポイントから26ポイントに拡大した。アメリカ人と比較し元来政治への関心が低いヨーロッパでは、このような傾向がさらに顕著である。１９９０年から２０１０年の間、若年層と高齢層の政治への関心度の差は４ポイントから14ポイントへと３倍に拡大した。これはひとえに若年層における政治的無関心の急増によ

図7-3　「政治に関心がある」と答えた者の割合

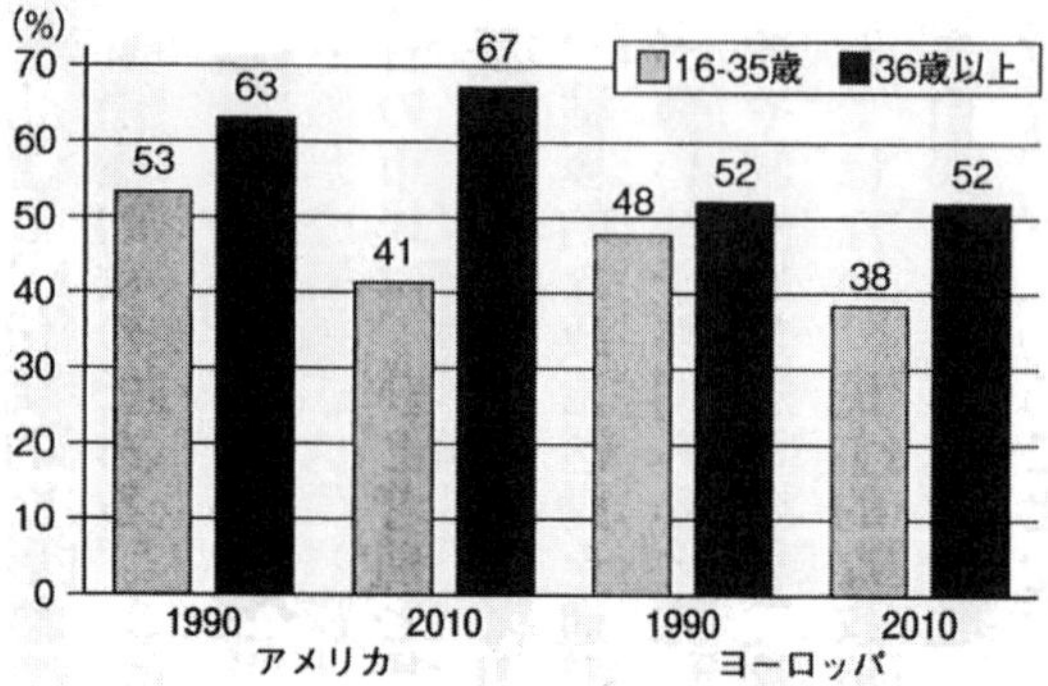

出典：世界価値観調査ウェーブ2(1990-94)と6(2010-14)

る。同期間中、政治に関心がある36歳以上のヨーロッパの人は52％で安定していたのに対し、若年層では48％から38％へと減少した（図7－3参照）。

先進国と発展途上国のいずれにおいても1960年代に成人した世代は、政党の党員となることや選挙での投票といった伝統的な政治活動への参加に消極的だった。そうした姿勢は彼らの子ども世代にあたるミレニアル世代にも引き継がれており、フォーマルな制度を通じ民主主義へ参加する動きはさらに弱い。多くの研究者は、若年層は心配な程に民主的な政治活動から遠ざかっているのではなく、伝統的な政治活動に参加する代わりに新しい形の社会運動、デモやボイコットといった形態で政治参加していると主張してきた。だが世界価値観調査のウェーブ５（２００５年から２００９年実施）とウェーブ６（２０１０年から２０１４年実施）の結果からはこうした理解が正しいとは言うことができない。ベビーブーム世代は既存の枠にはまらない政治活動への参加という若者期に特有の政治活動のあり方を自らの子どもや孫世代に継承できなかった。その結果、近年の若年層は自由民主主義のフォーマルな制度から遠ざかっているだけでなく、新しい社会運動やデモといった既存の枠にはまらない政治活動にもあまり参加していないのである。

歴史的にみて人間は若い間の方がデモに参加しがちである。したがってアメリカでは直近12ヶ月でベビーブーム世代では11人に１人がデモに参加したことがあるのに対し、ミレニアル世代では15人に１人しかいないという結果は驚くに値する。ヨーロッパではやや状況が異なる。直近12ヶ月の間でデモに参加したことがある者は、高齢層より若年層において高い割合を占める。だが現代の若者の方が過去に同年代の若者が参加していた政治活動よりも政治的に低いレベルでの活動に留まっている。政治活動への従事が弱体化している様子は、新しい社会運動における積極的な活動員の減少という面でより顕著である。例えば人権団体や人道的な活動に従事する団体への参加は昔の半分程度に留まる。換言するとアメリカと西ヨーロッパいずれのミレニアル世代も旧世代と比較し、伝統的な形態での政治参加にも新しい市民運動にも消極的なのである。

権威主義的体制への支持の上昇

今日の市民はひと昔前と比べ自由民主主義への愛着が低く、民主主義の本質を非リベラルな形で解釈し、積極的な政治活動を通じ公共政策に影響を与えられる望みが薄い様子が明らかとなった。だがこうした態度が民主政治や制度に対しどの程度深刻な警告であるのかは十分に明らかではない。民主的な政治制度への支持や参加の衰退は、単に自由民主主義がもはや他の政治体制と競合しない絶対的に優位な状況にあることを反映しているのかもしれない。冷戦終了後に成人を迎えた世代がそれ以前の世代に比べ自由民主主義を熱烈に支持しないのは、彼らが統治の仕組みに無頓着だからなのではなく、単に自由民主主義に対する本格的な脅威を感じたことがないからに過ぎないのかもしれない。このような楽観的な見解は一見もっともらしく聞こえるが、同時期には権威主義体制への支持も明確に増加したという事実とは相容れない。

過去30年に渡りアメリカでは、明らかに非民主的な立場を示す「軍による統治」が「よい」あるいは「とてもよい」と答えた人が一定の割合で増加し続けている。1995年には「軍による統治」に賛同したのは16人中1人だったが、現在では6人に1人となっている。こうした意見を有する者は依然として少数派ではあるが、「議会や選挙を顧みない強いリーダーが望ましい」、「政府よりも専門家に国を代表して物事を決めてほしい」と考える者が増加している現状を鑑みると、こうした人々を周辺層として看過することは難しい。これはアメリカだけの傾向ではない。軍による統治が望ましいと考える人の割合はドイツ、スウェーデン、イギリスを含む多くの成熟した民主主義国で増加している。

類似した事柄として、戦間期ならびにベビーブーム世代では民主主義において政府が無能あるいは十分に機能していない状況下で軍がその職務を引き継ぐのは適切でないと43％が考えるのに対し、ミレニアル世代では19％に留まる。ヨーロッパではアメリカほど大きな世代差は見られないが、政府の無能さは軍による支配を正当化するという考えを高齢層の53％が否定する一方、若年層では36％に留まった。

驚くべきことにこうした非民主的な見解は特に富裕層で急速に増加している。1995年には高所得層（所得状況を1から10の10段階で評価した際に8から10に位置づけられる者）が軍による統治の方が自国にとって望ましいという非民主的な見地に最も強く反対し、低所得層（同様の評価軸で1から5を占める者）の方が賛同する傾向が強かった。しかし現在ではこの状況が反転している。世界中のほぼ全ての地域で高所得層の方が低所得層よりも「軍が統治すること」に同意する傾向が見られる。１９９０年代半ばのアメリカでは軍による統治が「よい」あるいは「とてもよい」と回答した高所得者は5％に過ぎなかったのに対し、現在では16％となっている。比較としてラテンアメリカに目を向けると、民主化政権への移行から10年経過した１９９０年代半ばでは高所得層の21％が依然として軍事政権の支持を表明したのに対し、現在は33％となっている。

長らく自由民主主義体制を確立してきた国の富裕層において軍による統治を支持する者が顕著に増えたという事実は、あまりにも直感的理解に反し、疑いの目を向けたくなる。しかしこれは権威主義体制への寛容さを尋ねた項目への回答と一貫性を維持している。アメリカでは全ての年代コホートにおいて「議会や選挙を顧みなくてよい強いリーダー」が望ましいと考える市民の割合が１９９５年には24％だったのが、２０１１年には32％へと時代と共に増加した。同時に「政府ではなく専門家が国のために最善だと考えた結果に基づいた決定が望ましい」との考えに同意する市民の割合は36％から49％へと上昇した。こ

図7-4　アメリカで「議会や選挙を顧みなくてよい強いリーダー」が望ましいと考える市民の割合

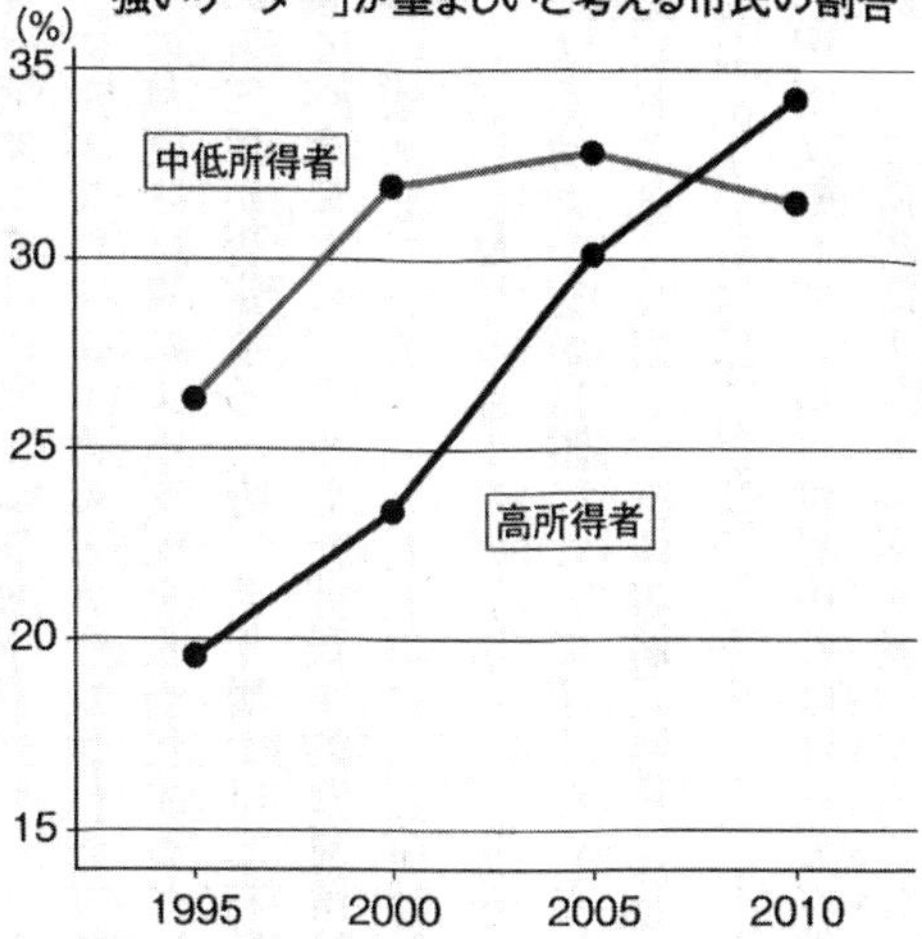

出典：世界価値観調査ウェーブ３から６（1995-2014）

うした変化の要因は、20年前は裕福な市民は低所得な市民に比べ民主的な制度を擁護したのに対し、現在では富裕層は他の所得層と比べどちらかといえば民主的な制度を無視する強いリーダーを望む傾向を強めたことにある（図７－４参照）。

注目すべきは、非民主的な政治制度への寛容性が特に裕福な若者の間で強まっていることである。１９９５年の調査では１９７０年以降に生まれた高所得なアメリカ人のうち、軍による統治が「よい」と答えた者は６%だったが、現在では裕福で若いアメリカ人のうち35%が同様の回答をしている。アメリカだけが成熟した民主主義の例外的存在なわけではない。ヨーロッパでは1995年調査では1970年以降生まれの裕福な若者のうち軍による統治の可能性をよいとした者は6％だったのに対し、現在では17％となっている。これは非常に印象的で驚くべき結果である。つまり反自由主義的な政治への支持の上昇は、社会への不満を抱えた者、中高年、正規雇用以外の職に就く者だけの力に由来するのではない。非民主的な統治機構の精力的な支持者は、若年層、富裕層、特権的な社会的地位にある者たちの中にもいるのである。

若年層および富裕層が軍による統治を支持することは常軌を逸するように思われるが、彼らが非民主的な慣行や制度を受け入れることはそれほど驚くべきことではない。歴史的にみて20世紀後半のわずかな期間を除き、民主主義は多くの場合、貧しい者からの再分配の要求に応えることを意味し、したがってエリートからは懐疑的な目でみられてきた。つまり西洋諸国の富裕層が民主的な制度への嫌悪感を深めているという近年の動向は、歴史的な規範への回帰に過ぎないのかもしれない。

民主主義の脱定着は進んでいるのか？

比較政治学の重要な知見として、経済的に豊かな民主主義体制の驚異的な安定性が挙げられる。経済発展レベルを問わず民主主義体制はその導入初期には体制変化に脆弱である。経済的に豊かでない民主主義は、民主主義体制を一定期間確立し、選挙を通じた政権交代を経験した後でも不安定だとされる。だが経済発展と民主主義の定着が両立すれば民主主義体制は安泰だと考えられる。アダム・プシェヴォルスキとフェルナンド・リモンギが実証した通り、1985年の国際価格レートで国内総生産が6000ドル以上あり、なおかつ民主主義が定着した国で崩壊した例はない。

こうした重要な知見はその後の民主化と体制安定を巡る議論を下支えするものとなったが、その一方で他の研究領域の発展を妨げることにもつながった。経済的に豊かで民主主義が定着した状態では体制崩壊は生じないという知見があまりに強いため、政治学者は自らの学問領域における最も根源的な問いの追究を放棄してしまった。それはつまり実証研究から得られたデータは民主主義が従来と同じように安定的に定着していることを示しているのか。一見すると安定した民主主義の将来に不安があると考えるに値するような根拠はないのか。現在の豊かな民主主義が歴史的に民主主義以外の全ての政治体制が経験したような破綻に直面した際には一体何が起こるのかといった問いである。

ホアン・リンスとアルフレッド・ステパンが提唱した有名な定式では、定着した民主主義とは民主主義が「街で唯一のゲーム」となった状況を意味する。この比喩は思考を喚起すると同時にとらえどころがないものである。民主主義が「街で唯一のゲーム」になるとは具体的にどういう意味なのだろうか。我々は民主主義の定着度合いは以下の三要素に依拠すると考える。具体的には（1）統治システムとしての民主主義への一般的な支持、（2）反体制政党や反体制活動が弱いあるいは皆無な状態、（3）民主的なルールが受け入れられている程度である。

民主主義の定着を巡る経験的理解は「民主主義の脱定着」が概念上の可能性としてあり得ることを示唆する。理論上、民主主義が定着しているように見える北米や西ヨーロッパでも民主主義が「街で唯一のゲーム」でなくなる日がくる可能性はある。すなわち民主主義を唯一の正統な統治形態として受け入れてきた市民が、権威主義的な代替え案に前向きとなることも考えられる。民主主義の支持という方向で一致団結し安定していた政党システムの急速な不安定化や反体制政党が流星のごとく躍進することもあり得る。全ての主要な政治プレイヤーが尊重してきた政治を巡るルールが党派対立を勝ち抜こうと躍起になる政治家からの攻撃対象になるかもしれない。

北米や西ヨーロッパの確立された民主主義の国では、民主主義の脱定着に向けた動きが既に進行しているのではないかと考えさせられる状況が見受けられる。アメリカでは市民が急速に政治システムへの信用を失っている。２０１６年3月始め時点での議会への支持率はわずか13％だった。既存の政治システムへの攻撃と人種的ならびに宗教的マイノリティの権利を明らかに侵害する政策を約束することで熱狂的かつ驚異的に広範な支持を集めた裕福な実業家でテレビタレントであるドナルド・トランプは、共和党の大統領候補としての指名を獲得した。その間に伝統的な政治アクターも党派対立で優位な状況に立つためにインフォーマルなルールを破ることを躊躇しない事態が生じている。アメリカ政治における政治的停滞と機能不全の一例として、アメリカ上院議会が連邦最高裁判所の判事人事を巡り、バラク・オバマ大統領が指名した人事を審議することさえ拒否した事態を挙げられる。

ヨーロッパでも近年、民主主義の脱定着に向けた兆候が観察できる。多くのヨーロッパ有数の政治家への支持率は過去最低であり、市民は政治制度に不信感を募らせている。フランスの国民戦線やスウェーデン民主党といった極右のポピュリスト政党は、無名の存在から実質的に西ヨーロッパの全ての国の政党システムに変容をもたらすまでとなった。その間、中央や東ヨーロッパの一部でも制度的、イデオロギー的変化が進行した。ポーランドやハンガリーではポピュリスト勢力が批判的なメディアに圧力をかけ、マイノリティの権利を侵害し、独立した裁判所といった重要な制度の弱体化を進めた。

これらの国で民主主義の脱定着が本当に進行しているのかという問いに答えることは、世論調査の結果分析に焦点をあてた本論稿の限界を超え、幅広い専門知識を有する研究者による研究が必要である。だがそうした研究に着手する前段階の作業として実証的なパズルを見つけ、首尾一貫した説明に向けた目標設定作業が不可欠である。

もし我々が民主主義を支持すると主張する人の数をその額面通り受け取るならば、人類の歴史上、今日の民主主義ほど万人を広く魅了した政治体制はない。しかしながら民主主義を取り巻く現実はそれほど輝かしいとは言えない。民主主義の国に暮らす市民はその制度に対し不満を募らせ、伝統的に民主主義の中核を占めてきた制度や規範を捨て去ることに抵抗がなくなり、民主主義に代わる統治体制に魅力を感じている。

こうした現状を市民の民主主義への期待が高まった結果として特定の政権への批判が強まったと理解するには無理があり、むしろ現代政治が抱える根深い葛藤を証左するものである。民主主義は唯一の正統な統治形態として人々に幅広く受け入れられたと同時に、民主主義では自分たちの切迫したニーズや選好を満たせないと考える多くの人の信頼を失ったのである。民主主義への信頼低下を一時的な現象だとする楽観的な見解は、経済的に発展した民主主義の安定性を神聖視してきたことに由来する希望的観測にすぎない。

民主主義は一晩で滅びるわけではなく、脱定着へ向けて動き始めた民主主義が必ず崩壊するわけでもない。しかし民主主義の脱定着の進行程度は、民主主義体制が崩壊するか否かを決める最も重要な要因だと考えられる。多くの市民が熱心に民主主義を支持し、反体制政党が周辺的な存在ないしは皆無であり、主要な政治勢力が政治ゲームのルールを重んじる世界である時、民主主義が破綻する可能性は限りなく低い。しかしながら我々が住んでいる世界がこうした世界であるのかはもはや定かではない。

今後の研究が民主主義の脱定着が本当に進行していることを示したとしても、それは特定の民主主義国が直ちに崩壊することを意味する訳ではない。民主主義の脱定着が最も進行した国で民主主義体制が最初に破綻することが自明な訳でもない。体制変化は常に何らかの意志と偶然の要素に左右されており、構造的な条件と歴史的な状況から影響を受ける。だが、もし民主主義の脱定着の進行が証明されたならば、従来は絶対にあり得ないと考えられた事態が生じる可能性を否定できなくなる。民主主義の脱定着が進行するにつれ、従来であれば民主主義の崩壊が想定されなかった地域でもその可能性は高まる。もし政治学者が数十年前に経験した共産主義の崩壊と同じ轍を民主主義の解体で踏みたくないのであれば、民主主義の脱定着が本当に生じているのか否かを調査し、そうした現象が生じる要因を探り、起こりうる結果を詳細に検討し、可能な解決策について熟考する必要がある。

（初出：『世界』２０１７年2月、岩波書店）

第8章　衰退の兆候

長きにわたり、アメリカ人は自分たちの国の政治システムに対し、不満を募らせてきた。数十年にわたって世論調査を研究する者たちが行ってきた調査結果が示すとおり、圧倒的多数の市民は、アメリカが「間違った方向に進んでいる」と考えるようになっている。アメリカ議会や大統領制といった主要な政治制度に対する信頼は、著しく低下した。フォーマルな政治制度に携わる人も減少した。メディアへの不信感は、かつてないほど強まっている。このような状況にあるにも関わらず、多くの研究者は、一連の知見に頑固なまでに楽天的な見解を与えてきた。つまりアメリカ市民は、彼らいわく、単に自らの政府に対してより高い期待を持つようになったのだと。

Journal of Democracy 2016年7月号に掲載された我々の小文（前章）で論じた通り、こうした解釈は支持しかねる。アメリカ市民は、特定の政権のパフォーマンスに不満を抱いているだけでなく、リベラル・デモクラシーそのものに対し、より批判的になっているのだ。例えば、2011年の世論調査で、アメリカの若年層では過去最高の24％が民主主義は国を統治する方法として「悪い」あるいは「とても悪い」と回答した。これは、前回調査および高齢層のいずれと比較しても、急激な増加である。それと同時に「軍による統治」に賛同を示すアメリカ人の割合は、1995年の16人に1人から、直近の調査では6人に1人まで上昇している。

民主的な政治システムに対するアメリカ人の不満は、より大規模かつグローバルに生じている現象の一部だと考えられる。民主主義で暮らすことが「非常に大事だ」とするアメリカ人の割合は、第二次大戦前に生まれた世代では72％であるのに対し、ミレニアル世代では30％に落ち込んでいる。さらに、我々の前述の小文に対してロナルド・イングルハートが応えた論文に反し、こうした世代間の類似した現象は、イギリス、オランダ、スウェーデン、オーストラリア、ニュージーランドを含む全ての民主主義が長年続いてきた国で見受けられる（図8－1参照）。ほぼ全てのケースで、民主主義で暮らすことが非常に大事だ

図８－１　世界中で若者の民主主義への情熱は低下している

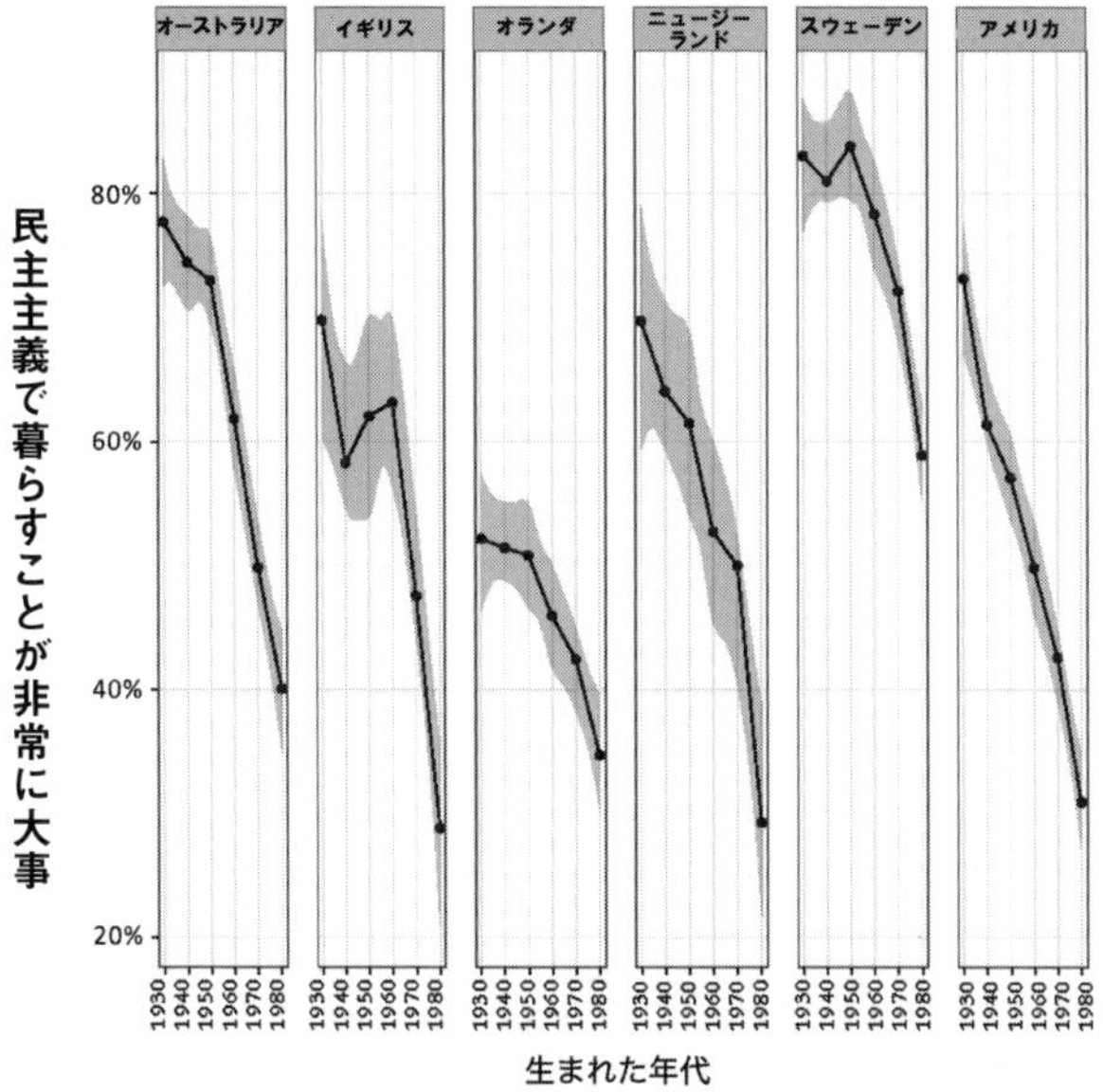

出典：Europian Values Survey と World Values Survey の wave5 と wave6（2005 ～ 7, 2010 ～ 14）のデータをまとめたもの。「民主的に統治されている国に生きること」は「非常に大事」（１「全く大事でない」～ 10「非常に大事」のスケール）と回答した人の割合。信頼区間はグレーで表示。

と信じる者の割合が若年層において少数派となり、世代間の差が際立つ。

さらに、こうした民主的な体制の政府への不満は、リベラルな制度全般への懐疑心を生み出している。市民は既存の政党、代表制に基づいた制度やマイノリティの権利に対し、ますます不満を抱くようになっている。こうした状況は、彼らが民主主義の権威主義的な解釈に寛大な様子を雄弁に語っている。例えば、「議会や選挙にとらわれない強い

図8−2「選挙にとらわれない強いリーダー」を望む人々は世界中で増えている

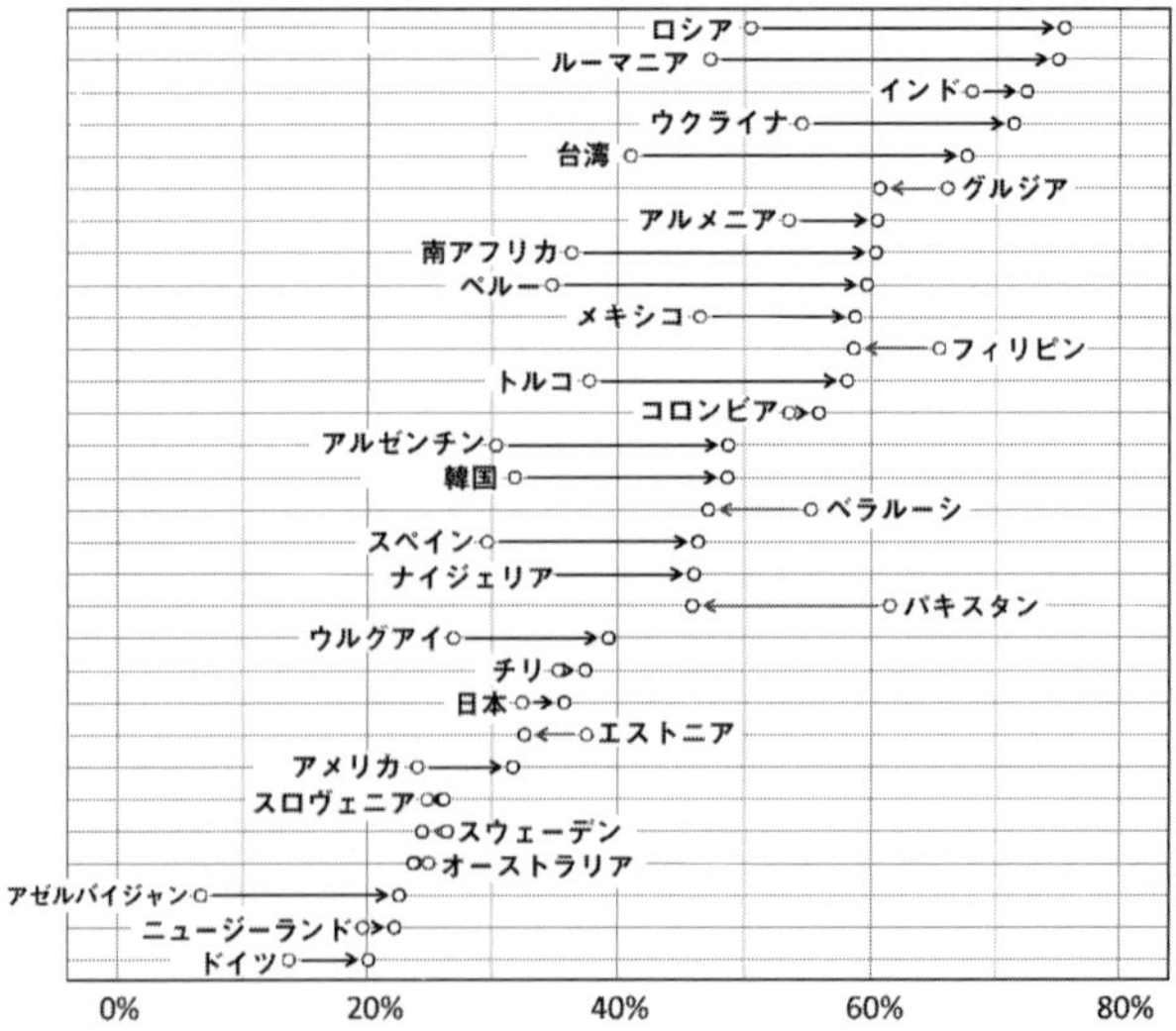

出典：European Values Survey と World Values Survey。
サンプルは wave3（1995 〜 97）と wave6（2010 〜 14）の両調査に含まれる全ての国である。国を統治する方法として「議会や選挙にとらわれない強いリーダーを持つこと」を「良い」もしくは「とても良い」と回答した者の割合の変化。

リーダーがいること」を支持する市民の割合は、世界価値観調査がこの質問をした国——ドイツ、アメリカ、スペイン、トルコ、ロシアを含めた多様な国々で劇的に増加している（図8−2参照）。

世界価値観調査が描き出した赤裸々な様相は、直近で各国が実施した大規模な世論調査の結果と呼応している。ドイツの調査では、民主主義を「理念」と承認する人は過半数を大きく超えたが、「今日のドイツ共和国における民主主義」に賛同したのは半数程度であり、5分の1以上の人が「現在のドイツが必要とするのは、人々を代表する強力な単一政党である」ことに賛成した。フランスでは、2015年の調査で回答者の5分の2がフランスは民主的な制約から自由な「権威主義的な政府」の手に委ねられるべきだとし、3分の2が「不人気だが必要な改革」の実践を「選挙で選ばれていないエキスパート」に任せることを厭わないとした。同じ時期にアメリカでは、2016年10月の調査で46%の回答者が、アメリカの民主主義を信頼「したことがない」あるいは信頼「しなくなった」という結果が出た。

世論のこうした変化は、その方向性だけでなく、こうした変化そのものが憂慮すべきものだ。さらに驚くべきことに、こうした世論の変化は、実際の政治行動により強く反映されるようになっている。近年、多くの問題を腐敗した既存政治のせいにしたり、執政府への権力の集中を目指したり、民主政治の根幹にある規範への挑戦を掲げる政党や候補者が、世界の多くのリベラルな民主主義国家で未だかつてない成功を遂げている。アメリカのドナルド・トランプだけでなく、ハンガリーのヴィクトル・オルバンからフィリピンのロドリゴ・ドゥテルテ、フランスのマリーヌ・ルペン、ベネズエラの故ウーゴ・チャベスまで大勢いる。

多くの国で、ポピュリストは圧倒的な多数派を占めるには遠く及ばない。だが、彼らの急成長には内側からの歯止めがあるようにみえない。アメリカではつい最近ポピュリストが大統領に選出され、オーストリアとフランスではポピュリストが大統領の座に肉薄した。ポーランド、ハンガリー、ギリシャ、ベネズエラでは、ポピュリスト政党が権力の座に就いてしばらくの時が経つ。後者の例は、こうした政党は一度権力の座に就くと、その後も継続して自らの過激な主張を真剣に展開する様子を示している。ハンガリーでは、フィデス党政権下での憲法改正が、司法制度、選挙の監視、メディアを含めた様々な領域における権力の抑制と均衡を後退させた。ポーランドでは、「法と正義」政権が、司法の独立性を脅かし、メディア統制を強め、政府の説明責任を追求する役目を果たしうる市民社会の様々な組織を弱体化させた。ギリシャでは、アレクシス・ツィプラス首相が税務署、国有企業や民間銀行の重要な役職に党の盟友を任命し、中央銀行総裁の自宅を襲撃し、8つの民放テレビ局の免許を取り消した。

このようなドナルド・トランプと彼の同志であるポピュリストたちの成功は、一時的あるいは地理的な例外とは言えない。こうした状況には、過去の安定した政治制度への回帰を促す自己修正機能が作用するわけでもなさそうである。それどころか、社会科学者が何十年も「定着した」リベラル・デモクラシーなるものへの安定性に対して表明してきた自信を揺るがすものだ。我々は、定着した民主主義の衰退する状況について考える時期を迎えている。そして根本的なシステムの転換が生じていることを示す兆候に目をこらすべきである。

早期の警告

政治学者たちは、長らく彼らが「民主制の定着」と呼ぶ状態は一方通行だとみなしてきた。ある国でいったん民主主義が定着すれば、その国の政治制度は安泰で、リベラル・デモクラシーは続いていくことが当然だと考えられてきた。歴史的にみて、これは確かにその通りだった。今のところ、自由で公正な選挙の結果、少なくとも二回は政権交代を経験したことがある豊かな国家において民主主義は崩壊していない。しかしリベラル・デモクラシーがこれほど安定していられた理由の大部分は、それがもつ強みについて有権者を納得させることが出来ていたことによる。実に政治学者たちは民主主義の定着に関し、多くの異なる定義を提唱してきたが、彼らは次の知見について概ね合意している。すなわち、ファン・リンスとアルフレッド・ステパンによる代表的な定義では、「民主制の定着」とは、民主主義が「街で唯一のゲーム」となった状況を意味する。リンスとステパンは、民主的な政府には唯一無二の正当性があり、権威主義的な代替案は受け入れがたいと市民が信じるようになったからこそ、民主制の定着は永続的だと主張する。こうした理解は、わずか数年前までであれば単に理論的な関心しか呼ばなかったであろう、次のような疑問を呼び起こす。つまり、多くの市民が自らの政府がことさらに正当性を有していると信じず、あるいは権威主義的な統治への明らさまな支持を隠さないまでの状況となった時、豊かでリベラルな民主主義国家の安定性には何が起きるのだろうか。

この問いに答えるためには、民主制の定着は結局のところ一方通行ではないかもしれない可能性について考えねばならない。民主主義が街で唯一のゲームとなるのは、その国の圧倒的大多数の市民が、民主的な価値観を受け入れ、権威主義的な代替案を否定し、リベラル・デモクラシーの核となる規範や制度の擁護に熱心に取り組む候補者や政党を支持するときだけである。同じ理屈で、相当数の市民が民主的な価値観への信頼を失い、権威主義的な代替案に魅力を感じ、「反体制」の政党や候補者、リベラル・デモクラシーの本質的な要素を軽んじたり、反対する動きに投票する時、民主主義は街で唯一のゲームではなくなる。そうなった時、民主制は脱定着に向かっているといえるのではないだろうか。

民主制の脱定着という現象は、特定の時代に特定の国が民主的に統治されているか否かを評価することとは根本的に異なる。政治学の重要な研究では、各国における自由で公正な選挙の実施や、そこに暮らす人びとに表現の自由といった基本的な権利がどの程度認められているかを測ることを試みてきた。こうした研究の中で最も影響力が強いものが、ポリティ・プロジェクトとフリーダム・ハウスによるものである。これらの指標は、特定の国が現時点でどの程度民主化されているかをはかる上では役に立つ。だが、民主制の定着あるいは脱定着をめぐる疑問は、どの程度民主的な統治がなされているかよりも、民主的な統治がどの程度続いていくことができるのかに関心がある。市民が民主主義に幻滅し、反体制の政党が大幅に得票を伸ばした時、短期的には法の支配を脅かしたり自由で公正な選挙の妨げにはつながらないかもしれない。こうした事態は、懸念を呼ぶかもしれないが、必ずしもフリーダム・ハウスやポリティ・プロジェクトの指標にあらわれるものとはならないだろう。しかしながら、こうした事態は、権利や自由が以前に比べて脆くなり、リベラル・デモクラシーの核をなす要素の永続性が不安にさらされていることへの証左とも考えられる。そのため、民主制の脱定着を測るためには、こうした事態も考慮に入れた指標を用いなければならない。

衰退の事例

民主制の脱定着は、学問的な論争としても未だ手つかずの分野であり、それは長い間論じるにはあまりにも不毛な領域であり、製図家たちが色付けする必要性を見出さないような分野だった。それではこの未開の地を開拓する緊急性はどのくらい高いのだろうか。我々が未開拓の分野と呼ぶものは、学術的な興味を満たすものにすぎないのか。つまり民主制の脱定着は実社会に重大な影響を及ぼす可能性が低いにも関わらず、学術的な関心を満たすために検証し、類型化すべきものなのだろうか。それとも、そこには今現在、民主主義が不動だと思われている国への早期の警告となりうる、未だかつてない規模での民主主義の退行の兆しを示す危険な亀裂が隠されているのだろうか。

一連の出来事は、後者の解釈の方が現状に近いことを示唆する。北アメリカや西ヨーロッパではポピュリスト政党や運動の台頭は比較的新しい動きである。だが、それ以外の地域では従来の指標に則れば比較的民主的だとされる国においても、民主制の脱定着が民主的な統治の安定性を深刻に脅かす兆候となることを示している。

例えば、ベネズエラは１９８０年代までには、自由で公正な選挙が長年続く、安定した二大政党制の民主主義だと広く認識されるようになっていた。１９９０年代初めにリチャード・ハガティとハワード・ブルスタインは、「１９５９年以降のベネズエラの政治状況は、途切れのない文民による立憲的な統治に基づく」と述べている。継続的な平和な政権交代は、「ベネズエラの急速に成熟した民主主義」を立証するものとなった。さらには、ベネズエラはイスラエルやアイルランドと同レベルの一人当たりの国民所得に到達し、先進民主主義国の仲間入りを今にも果たそうとしていた。この地域を研究する者にとって「ベネズエラの民主主義は、その当時ラテンアメリカ諸国を席巻していた左右双方の独裁主義と比べて遜色がない、地域内で真似されるべき政治体制のお手本となった」のである。要するに多くの研究者いわく、ベネズエラは一方通行だとされる民主制定着の道をかなり遠くまで進んでいるように見えたのだ。

それにもかかわらず、ベネズエラの民主主義は１９９８年にウゴ・チャベスの予期せぬ大統領への当選以来、うまくいっていない。法の支配は空洞化し、報道は規制され、体制に批判的な人びとは投獄され、反対勢力は鎮圧された。フリーダム・ハウスが各国に１から7の指数（1が最も自由度が高く、7が最も低い）を与える「自由度指標」によれば、ベネズエラは1980年代の「自由」な国（政治的権利では1、市民的自由では2あるいは3）から、今日ではかろうじて「部分的に自由」な国（どちらの指標も5）となっている。このような不可解な変容はどのように説明することができるのだろうか。

調査データはチャベスが当選するはるかに前から、民主制の脱定着が着々と進んでいたことを示している。民主主義が有する価値とそのパフォーマンスに対する市民の懐疑的な様子は強まっていた。ベネズエラ市民は軍事支配といった権威主義的な代替案の受け入れに寛大になっていた。反体制政党や運動は、大きな勝利を収めていた。こうした状況は、全て過去のデータに反映されていた。ラティノ・バロメーターが1995年にベネズエラ人に「民主主義」と「権威主義的な政府」のどちらを望むか初めて質問した際、22・5％が後者を望むと回答し、13・9％は反対も賛成もしなかった。民主主義のパフォーマンスに対する不満も高かった。1995年の調査では46・3％が民主主義は「国の問題を解決しない」に賛成し、さらに驚くべきことに81・3％が独裁者（mano dura）を歓迎するとした。そして政治家や政治制度に対する信頼はこの間、一貫して低かった。チャベスが政権に就いた年、人口のわずか20・2％しか議会への信頼を表明しなかった。したがって、民主制の脱定着を表す指標に注目していれば、こんにちの政治学者が使用している一般的な指標が民主的な統治が低下していることを示すよりも、かなり早い時期からベネズエラの民主主義体制が本格的な危機に陥っていることを予想することができたかもしれない。

同様のことは他の多くの国にも言える。例えば、ポーランドは長らく旧共産圏でリベラル・デモクラシーへの移行が最も成功した例ともてはやされてきた。1990年以降、自由で公正な選挙は4回の政権交代につながった。ポーランドの市民社会は、長年にわたり非常に活発で、市民団体やNGOが積極的に活動し、影響力のある独立系メディア放送局は政府の活動を徹底的に調査し、研究者やジャーナリストは自由に政府の役人を批判してきた。この間ポーランドはめざましい経済成長を経験した。1991年から2014年の間、一人当たりの国民所得は6倍以上増加した。総じて言えば、多くの研究者がポーランドのことを「民主主義の定着国」と呼び始めたことに驚きはない。

しかしベネズエラ同様、ポーランドにおいてもこの間ずっと民主制の脱定着に関する指標は悲観的な様子を示していた。すでに2005年には、ポーランド人の15・7%、これは人口に占める割合として多いと思われるが、「民主的な政治システムを有すること」は国を治める方法として「やや悪い」あるいは「とても悪い」と回答した。2012年には、これは16・6%まで上昇し、旧共産圏でEU加盟にした国の中で2番目に高い数値を記録した。それと同時に、「軍の統治」への支持は、EU平均が9%なところ、ポーランド人の22%が支持するとした。他国と同様にこうした世論の変化は、すぐに政治的な動向にも反映された。「ポーランド共和国自衛（Self-Defense of the Republic of Poland）」から「ポーランド家族同盟（League of Polish Families）」や近年の「パリコト運動（Palikot's Movement）」に至るまで、多様な反体制の政党がポーランドの選挙状勢の中で長らくかなりの権勢を振るってきた。

こうした動きはポーランドが昨年から今年（2016〜2017年）にかけて、リベラル・デモクラシーの規範から後退していることを説明する上での手助けとなる。2015年の大統領選挙と下院選挙の両方でヤロスワフ・カチンスキが率いる政党「法と正義」が勝利した後、彼らはすぐに自由なメディアを沈黙させ、憲法裁をはじめとするリベラルな制度の独立性を損ね始めた。目下、ポーランド市民の権利は重大な危機にあり、ポーランドに民主主義が完全に定着していると呼ぶことは非現実的と言えよう。ポーランドがEUに加盟した2004年当時のベルギー首相だったヒー・フェルホフスタットは、「ワルシャワが採ろうとしている方針は、民主主義に反しており、ポーランドがEU加盟時に約束した法の支配の原則に反するものだ。もしいま加盟に向けた交渉がなされていたら、ポーランドは要件を満たさないだろう。」と述べている。

ポーランドとベネズエラのいずれにおいても、多くの政治学者がこれまで注目してきた基準ではなく、我々が示す民主制の脱定着を測る指標に着目していれば、両国の民主主義の先行きについてもう少し細やかに変化の様相を描くことができたかもしれない。そうすれば、これらの国がどのような方向に向かっているのか、より正確に予測できただろう。これはつまり、衰退の兆候に細心の注意を払うことは、注意深い観察者に対し、えてして不安定化につながりがちな、民主的な制度への根深い不満に注意を促し、早期の警告信号として機能しうることを示唆する。

衰退の行く末

ドナルド・トランプがアメリカ大統領に当選したことは、定着したとされるリベラル・デモクラシーの安定をいま一度緊急に見直す必要性があることを示した。アメリカ市民のリベラル・デモクラシーへの幻滅は、民主主義が歴史的に並外れて安定しているとされる国々においても、それが崩れ始めている兆候として見られるべきなのだろうか。そして、選挙戦中に重要な民主的規範を攻撃した政党や候補者の成功は、そうした政党や候補者が法の支配を脅かすようになっても支持者が忠実でいることを示唆するのだろうか。

これらの問いに十分に答えることは、現時点では不可能である。一つには、これまでの衰退の事例が、選挙の質と法の支配の劣化につながることを正確に予測したかを体系的に分析する必要があるからだ。もう一つは、アメリカやフランスといった国での民主主義の衰退は、まだ初期の段階に止まっている。民主主義が深く根差している国々では、民主主義は市民の不参加や不満に耐える力が強い可能性を排除するのは早計である。ひょっとすると長年にわたり確立されてきた民主主義には、例えばシャルル・ド・ゴールの下でのフランスや、進歩主義時代のアメリカのように、増大する市民の怒りを民主的な改革の力に転換するための体系的な資源が蓄積できるのかもしれない。あるいは、こうした国の活発な市民社会は、法の支配へのあらゆる攻撃に抵抗し、長らく失われていたリベラル・デモクラシーの根幹への情熱を呼び起こすかもしれない。

前例がない事態を分析する際には不確実なことが多いが、そうした状況を考慮しても、民主制の衰退はリベラル・デモクラシーの本拠地でも周縁国においてと同じくらい深刻な影響を及ぼしうることを示す大きな手がかりがある。ヤン＝ヴェルナー・ミュラーが警告したように、ポピュリストは自分たちが代表しているとする「本当の人びと」を非常に狭く定義する。ポピュリストは多数派の血統と価値観を共有する者だけを取り込み、少数派の民族や宗教団体を排除する。

したがって、ポピュリスト的な主張の核心は、全く異なる見解や意見を持つ集団が民主的な対話や妥協を通じて違いを解消する、多元的な民主主義のビジョンとは対極にある。それどころかポピュリズムは、数の力を使ってメディアや司法、行政府といったエリートないし、そう見なされるものに対峙し、不人気な少数派の権利を無視し、独立した司法といった制度的な障害を民意に対する違法な妨害として攻撃する非リベラルな政治を助長する。ポピュリスト運動が反システムの様相をとる時——ポーランドやハンガリーだけでなく、多くの西ヨーロッパや北アメリカの国々で現在みられるように——それはリベラル・デモクラシーの品位に実害を与えうる。

ポピュリストがまだ権力の座に就いていない国では、民主制の衰退を進める政治的、経済的な勢力に対抗するためのラディカルな改革が必要となる。リベラル・デモクラシーに深くコミットする既存の政治家は、反システム政党が権力の座に就く恐れがある時、こうした改革を実行できる可能性が高い——改革に反対する利益団体からの抗議を無視しながら——。そういった意味では、ポピュリズムが勢いを増す危険な時代は、国家という船を立て直す機会となりうるのかもしれない。政治家がついに大胆な改革に着手する意思を奮い起こした時、彼らは自分たちが何をすべきなのか知っておく必要がある。しかしながら、今のところポピュリズムの推進力が何であるのか、公共政策がそうした動きにどうすれば効果的に対抗できるのかをめぐる合意はない。こうした事態は、政治学者が民主制の衰退の起源と、そうした動きへの対抗手段となりうる公共政策の両者について早急に研究を進める必要性を促す。

反対に、すでにポピュリストが権力の座に就いている国では、リベラル・デモクラシーの核をなす価値観に依然として深くコミットする市民は、自分たちの国の過去の安定に自己満足している場合ではないことに気づかなければならない。反システム政党や運動が握る権力は、前例がない程になっている。同時に民主主義への幻滅も深く、こうした政党や運動はこの状況をぬかりなく利用している。したがって、リベラル・デモクラシーの存続は、そうした攻撃からリベラル・デモクラシーを守りたいと考える民意次第だろう。こうした時こそ、政治学者は過去に民主主義がいかにして崩れていったのかの研究から得られた知見を思い出し、それらを民主的な制度の品位に対する攻撃への抵抗と監視を行う上での道しるべへと早急に変えていくことが重要となる。

現在、多くのリベラル・デモクラシーで生じている衰退のプロセスは、とても重大な危険信号である。だが、デモクラシーが衰えることは宿命や運命として定められているわけではない。今のところ、政治機関のための機会は残っている。民主制の衰退がいつの日か、リベラル・デモクラシーの終わりの始まりとされるか否かは、デモクラシーの守護者たちが警告を聞き入れ、一貫性のある対応を開始することができるかに大きくかかっている。

Ⅲ

民主主義を「バージョンアップ」する日まで

玉川　透

第9章　民主主義を脱ぎ捨てる日

民主主義は素晴らしい。人類が現状とりうる「最善」の政治体制だ——。

ほんの10年ほど前まで何の疑問も感じず、そう信じきっていた。全ての国民に平等に主権があり、自分たちのことは自分たちで話し合って決める。政治権力が一部の指導者に集中する権威主義的な政治体制こそ憎むべき存在なのだ。子どもの頃、学校でも繰り返しそう教わってきたし、社会に出てからも新聞記者という仕事柄、民主主義を疑ったり、否定したりすることは、ある意味「タブー」だったように思う。

ところが今、世界を見渡せば、本当にそうなんだろうかと首をかしげてしまう出来事が相次いでいる。米国のトランプ大統領の出現、英国の欧州連合（ＥＵ）離脱、欧州諸国でのポピュリストの台頭……。民主主義の金看板を掲げて成長してきた国々で、かつてないほど社会の分断が深まり、「独裁的」「権威的」と呼ばれる指導者が存在感を強めている。そして、それを作り出している原因のひとつは、紛れもなく民主主義そのものだ。

本書の第7、8章で紹介した、ロベルト＝ステファン・フォア氏とヤシャ・モンク氏の研究論文は、民主主義が世界的に「窮状」にあることを政治学者らしい視点で示してくれた。その際、彼らがよりどころとしたのが、世界各国の研究機関が実施した「世界価値観調査」（1995〜2014年）。世界規模のアンケートといってもいいこの調査をつぶさに分析すると、「民主主義よりも軍の統治が良い」「議会や選挙を顧みない強い指導者が望ましい」――そんな民主主義に背を向けるかのような思いが、北米や西欧の成熟した民主主義国家の人々の間に渦巻いていることが分かってきた。

でも、どうして？　私がフォア氏にメールで質問をぶつけると、彼はこう答えた。「既存の政治家や政党が自分たちとかけ離れた存在になったと感じ、人々が投票への意欲をなくしています。この傾向は、中間層や富裕層の若者たちの間でとくに強まっています。いわば、民主主義への反感を通り越し、失望していると言っていい状態なのです」

論文の中でフォア氏たちは、民主主義の「脱定着化」が進んでいる、と警鐘を鳴らしている。この「脱定着化」というワードを素人なりに解釈すれば、誰もが当然のように受け入れてきた民主主義に辟易とし、自らの意思で「脱ぎ捨てる日」が近づいている、そういうことなのかもしれない。

そして、それは日本も例外ではない、とフォア氏は言い切る。実際、１９９５年の世界価値観調査で、「軍の統治」を支持すると答えた人の割合は2・5％だった。これに対し、米調査機関ピュー・リサーチ・センターが２０１７年に行った同様の調査（複数回答）では「軍部による支配」が良いという回答は15％に上っていた。この調査では他にも、「代表民主制」（77％）、「直接民主制」（65％）に対して、「専門家による支配」（49％）、「強力な指導者による支配」（31％）となっており、民主主義に全幅の信頼が寄せられているとは言いがたい数字が並ぶ。

正直、私は反論したかった。戦後日本で平和を享受してきた私たちのだれもが民主主義を最高とは言わないまでも、軍事政権の方が良いと思っているはずがない、と。

ところが取材を進めていくと、考えを改めざるを得なくなった。教えを請うた政治学者たちから、異口同音にこんなぼやきを聞いたからだ。「民主主義という政治体制に疑問を抱く学生が、驚くほど多い」――。その実態については、第1～6章でインタビューにご協力いただいた学生さんや研究者の皆さんの発言に見てとれる。

若者たちは「民主主義の危機を肌で感じている」

第1章でご紹介した、「軍事政権だって、いいじゃない」と言う学生、Aさん、Bさんのインタビューは、2018年4月、朝日新聞が毎月第1日曜日に発行している別刷り「GLOBE」の特集記事で紹介。その後、専用ウェブサイト「GLOBE＋」でも配信された。

それからしばらく経った同年12月、サイトの記事が突然、ツイッターなどSNSで急拡散。半年以上前の記事がどうしていきなり話題になったのか理由は定かではないが、SNSに寄せられた反応を見ると、「軍事政権だって、いいじゃない」と言う学生たちがいることに、多くの読者が率直に驚きや戸惑いを綴っていた。学生たちや大学の講義のあり方に対して厳しく批判する書き込みもあったが、大半は学生たちを擁護あるいは理解する内容であったのが救いだった。その中で私がとくに注目したのは、ジャーナリスト・作家の佐々木俊尚さんの次のツイートである。

《非常に面白い。登場する日本の大学生たちは、いまの民主主義が大きな壁にぶつかり、

混乱に陥っていることを皮膚感覚で感じ取っているんじゃないかと思う。その主張は決して否定できないと思います》

学生たちが「皮膚感覚で感じ取っている」という民主主義の行き詰まり、そして混乱とは、要するにどういうことか？　年が明けた2019年1月、東京都内にある佐々木さんのオフィスを訪ねた。ツイートに込めた思いを尋ねると、丁寧に応じてくれた。

「民主主義が経済成長の礎になるという、これまで自明とされてきたロジックが問われ直されている、そういうことなのではないでしょうか」

「民主主義＝経済成長」というロジックが崩れつつある。そんな佐々木さんの言葉を理解するには少々、歴史を振り返る必要がある。

第2次世界大戦後の東西冷戦期、米国や西欧諸国、そして日本など資本主義陣営では力強い経済成長の時代が続き、その中で「民主主義」という政治体制も花開いていった。これに対して、旧ソ連率いる共産主義陣営は経済成長が行き詰まって崩壊。冷戦が終わった1990年代には、イデオロギーをめぐる対立軸が消えるという見方が広がった。米国の政治学者フランシス・フクヤマ氏の論文『歴史の終わり』などに代表されるように、民主主義でなければ資本主義は成長しない、やはり民主主義の勝利だとうたわれた。

ところが時代の流れと共に、雲行きは怪しくなる。80年代以降、「強権的でうまくいくはずがない」と言われてきた中国やシンガポールなどが台頭する一方で、先進国では経済や社会の問題に既存の政党や政治家が対処できず、格差は広がるばかり。その不満が引き金となり、「自国第一主義」を掲げるトランプ米大統領を誕生させ、英国の離脱を招いた欧州連合（ＥＵ）の混乱を引き起こし、強権的な指導者たちが民衆の支持を集めている。

佐々木さんは言う。「こんな現状を見て、民主主義は絶対に必要なんだと説得力を持って言える人がいるでしょうか。『軍事政権だって、いいじゃない』という学生たちの率直な思いは、そういう状況に対する皮膚感覚的な反応なのではないでしょうか」

第７章の冒頭で、フォア氏たちも１９８９年の東西冷戦終結とそれに続くソ連邦崩壊を例に、次のように警鐘を鳴らしている。

「社会科学の研究者、政策形成者、ジャーナリストらがいずれもソヴィエト陣営が崩壊する可能性を真摯に検討しなかったという事実を我々は警告として受け止めるべきである。専門的な知識を有し方法論に厳格な研究者でさえ、直近の過去は信頼に足る未来への道しるべだと思いがちであり、極端な変化が生じることはないと考えてしまう」

民主主義は絶対で、覆されることなんてあり得ない。そう思い込むのはとても危険なことなのだ。目を背けている間に、民主主義に対する懐疑心や、パフォーマンスの悪さへの不満が知らず知らずのうちに、ゴム風船のようにふくれあがり破裂寸前まできているのではないか。そんな危機的な状況を、学生のAさんたちは若者らしい鋭敏なアンテナで感じとっているのではないか。私には、そう思えてきた。

果たして、破裂を防ぐ手立てはないものか。いや、それが無理でも少しでも風船の膨らむ速度を抑えることはできないのだろうか。

今、傷だらけの民主主義を死なせないための、そして、再び活力を与えるための様々な模索が世界各地で続いている。その中から、私がかつて取材した例をいくつかご紹介しよう。

アイドルの「選挙」に学ぶ

人々が民主主義に最も直接関わるものは何か。それは、選挙である。

米調査会社ピュー・リサーチ・センターが世界34ヵ国を対象に行った2019年の調査によると、平均して67%の人々が「投票は国民の声を届ける有効な手段である」と答えた。

そして、なんと34カ国の中で最も低かったのは、日本の43%。つまり、6割近い日本人が選挙で投票しても意味が無いと考え、民主主義への信頼を失っているということなのだ。

日本の場合、「政権選択の選挙」と呼ばれる衆院選で小選挙区比例代表並立制を採用している。今さらながらの説明ではあるけれど、比例区よりも小選挙区の議席が多いこの制度では、せっかく投票しても、自分の1票が活かされたという実感が得られない人が多数出てしまう。いわゆる「死票」が多いのだ。

第1章で紹介した学生Bさんの言葉を覚えているだろうか。初めて参加した選挙の結果を見て、彼女は「多数派に属している安心感」を得たと語っていた。裏を返せば、自分の1票が無駄にならなくてよかった、期待を裏切られなかったという安堵の気持ちがあったのではないだろうか。それは、第5章で立命館大学准教授の富永京子さんが指摘していた、何よりもまず「正解」を求めてしまう現代の若者たちの習性にも通じるものがあるように思える。

このままでは、選挙は形骸化して、ただでさえ低い若者の投票率がどんどん下がってしまうのではないか。何か良い手立てはないものか……。

そこでヒントになりそうなのが、第6章で京都大学教授の待鳥聡史さんも触れていた「政治的有効性感覚」という考え方だ。自分が1票を投ずることで物事を左右できるかもしれないという感覚、いわゆる投票して「報われた」という実感である。

実は、この政治的有効性感覚を巧みに利用した「選挙」は、すでに日本に存在している。アイドルグループ「ＡＫＢ48」が、２００９年から２０１８年まで開催していた人気イベント「選抜総選挙」だ。集計結果が公表された第2回（10年）で37万７７８６票だった投票総数はほぼ毎回のように伸びて、２０１８年夏の第10回は過去最多３８３万６６５２票に達した。ＡＫＢ総選挙は、購入した投票権付きＣＤの枚数などに応じて1人で何度でも投票できるから、単純比較はできないが、規模だけなら大阪府知事選をしのぐ。「推しメン」（お気に入りのメンバー）のためにＣＤを段ボール箱で買い込む熱心なファンもいるという。

ＡＫＢ総選挙は元々、新たに発売されるシングル曲を歌う16人の選抜メンバーを決めるファン投票だった。しかし、その「当落ライン」はファンによって様々である。自分の推しメンが「神7」と呼ばれる7位以内に入れるか。たとえ選抜メンバーがダメでも、カップリング曲を歌えるアンダーガールズ（17～32位）に。せめて、前回より一つでも順位を上げてあげたい……。

ＡＫＢ総選挙を講義に採り入れたこともある、同志社大学教授（比較政治学）の浅羽祐樹さんは、こう説く。「ＡＫＢ総選挙は、政治的有効性感覚がビンビン刺激される巧みな仕組みです。たとえば、投票権付きのＣＤ1枚が１０００円程度とすれば、２００万円分で２０００票。数千万円は無理だけど、今ある貯金を全て投入すれば、その後の生活は破綻《はたん》しても、自分の力であの娘《こ》の順位を押し上げられるかもしれない。そんなモチベーションを刺激する、運営側に好都合なシステムなのです」

好都合というか、怖い……。でも、実際の選挙でも、それなりに「報われた」と感じられれば、投票に行こうと思う人が増えるのではないだろうか？

欧州にすでに実践している国があった。オランダである。

小さくたって、役に立つ？

多文化共生を掲げてきたオランダでは、下院選挙（定数１５０）で１９１７年から徹底した比例代表制をとってきた。現行制度では、有効投票数の０・67％を取得すれば、議席を獲得できる。単純小選挙区制の英国や、比例代表制でも得票率５％の壁があるドイツに比べると、国政へのハードルが低い。つまり、それだけ少数派の票が議席に反映されやすいというわけだ。

２０１７年３月の下院選（定数１５０）には28政党が名乗りを上げ、過去45年で最多の13政党が議席を得た。世間の目は当時、反移民や反欧州連合（ＥＵ）を主張するウィルダース氏率いる右翼政党の躍進に注がれていたが、その陰で着実に支持を伸ばしたのが、いわゆる「ミニ政党」だった。蓋を開けてみれば、５議席以下のミニ政党が６党に上った。

その一つに、環境保護や動物の権利などを訴える「動物党」（18年時点で党員約１万６０００人）があった。下院選で33万５０００票余を集め、改選前２議席から５議席に「躍進」した。ユニークな主張を掲げ、政権からも距離を置く彼らは、民主主義の中でどんな役割を果たしているのだろうか？

２０１８年２月、政治の中心都市ハーグの国会議員会館で、私はマリアンネ・ティーメ党首（当時）にずばり尋ねた。ミニ政党の役割って、何なんでしょう？

「なんと言っても、支持者との距離の近さ。多数が関わる大政党では、支持者が本当に望むことが途中で変えられたり、弱められたりしてしまうことが多いですから」

テレビの討論会などメディアに引っ張りだこのティーメさんは、自信たっぷりにそう答えたが、そうは言っても「数は力」ともいう。たった数議席しか持っていなければ、法案を通すどころか提出もままならず、結局、大政党に押し切られてしまうのでは？

彼女は首を横に振った。「近年の状況を見ると、オランダには大政党というものは存在しません。大きいといってもせいぜい、20～30議席。与党が連立政権で過半数をとるうえで、小党は無視できなくなってきています。動物党が掲げる環境保護や動物の権利といった新しいアジェンダは、これまで議論されてきませんでした。こうした分野で有権者の支持を集めたいと考えるから、大政党も少なからず私たちの主張に耳を傾けます。私たちが目指すのは、主張を曲げてまで政権に入ることではなく、自分たちのアイデアを他党に働きかけ、影響を与えることなんです」

とはいえ、徹底した比例代表制は「欠点」もある。小党乱立による政治の不安定化だ。２０１７年の下院選後、22％の議席しかない第1党を中心とする4党連立政権が発足するのに、オランダ史上最長の２２５日を要した。７カ月以上、政治の空白が生まれるなんて、日本ではまずあり得ない。

比例代表制が多い欧州諸国の中には、小党乱立による政治の混乱がナチス台頭を許した反省から、ドイツのように議会に議席を獲得するのに得票率５％の壁を設ける国もある。

それでも、オランダ・ライデン大学の政治学者、ヒールテン・ワーリングさんは、徹底した比例代表制を変えるべきではないと説く。「オランダ人は『誰かが代表として政治を行ってくれる』という感覚を比較的、強く持っている国民です。その点でミニ政党は、多様な有権者の声の多くを『聞き取る』ことに役立っている。安易に（議会に議席を持てる）得票率の制限を設けることは、短期的には賢い策に見えるかも知れませんが、長期的にはより多くの有権者が政治に背を向けることになってしまうのです」

ちなみに、先に紹介した米ピュー・リサーチ・センターの２０１９年調査で、「投票は国民の声を届ける有効な手段である」と答えたオランダ人の割合は、34カ国の平均と同じ67％だった。

欧州諸国では、オランダに代表されるように多党化がひとつの流れになりつつあるようだ。欧州政治に詳しい津田塾大学教授の網谷龍介さんは、こう解説する。「選挙は政権を選ぶもの、そういう習慣がある国では、普段は様々な不満を持っていても、選挙になれば、今回は右か左か、と政権政党の選択を考えるのが普通でした。しかし、難民問題など緊急の課題が浮上し、重要な課題が一向に解決されないと感じるときに、『政権はどうでもいいから、不満を表明したい』という投票行動を起こす流れが生まれるのです。そうなると、政権を担う政党は対応に困ってしまいます。そして、政治がどんどん分断化、細分化していってしまうのです」

なるほど……政治的有効性感覚を上げて投票に行く意欲をかき立てても、選挙が不満をぶつけ合うだけの場になってしまっては、全体としては社会の分断が進んでしまうということか。

そして、こうした流れと呼応するように盛り上がっているのが「国民投票」だ。オランダ動物党は、4年に1度の国政選挙だけでなく、国民投票を定期的に行って国民の声をもっと政治に反映させるべきだと主張している。

有権者に直接、是か非かを問う国民投票は、極めて民主主義的なシステムだと思う。しかし、だ。２０１６年に英国で欧州連合（ＥＵ）離脱が決まった国民投票の「衝撃」とその後の混乱ぶりは、いまも記憶に新しい。よほど熟慮を重ねてから投票に臨まないと、一時のムードに流されてしまう危険性がぬぐえないし、ポピュリストに利用されるリスクもある。だから、オランダの大政党やマスコミの論調も国民投票に否定的だ。

国民投票は「もろ刃の剣」では？　そう問いかけると、動物党党首のティーメさんは強い口調で反論した。「だからこそ、なおさら国民投票を定期的に行い、それを伝統としていくことが大切なのです。時々しか行わないから、予想外の大きなムーブメントが起きてしまう。そして、もう一つの問題は、政治の傲慢にあります。『国民は馬鹿で何も知らない』と考えるから、既存の大政党やマスコミは国民投票に反対するのです。そんな国会の中で、民意を反映しない間違った決定がなされていくのを、私たちは目の当たりにしてきたのです」

ロナウジーニョの故郷で民主主義を考える

政治家や政党に政治決定を託しても、自分たちの意見を十分にくみ取ってくれない。国民投票は危うさを抱えている——。そんな民主主義の「弱点」を補う試みを約30年前に始めた、ブラジル南部の町がある。ポルトガル語で「陽気な港」を意味するポルトアレグレ。変幻自在の足技とはじける笑顔で世界のファンを魅了した、サッカーの元ブラジル代表、ロナウジーニョの故郷でもある。

私がこの町を訪れたのは、2017年10月のこと。郊外の簡素なアパートで、元市長のオリビオ・ドゥトラさんは大好きな地元サッカーチームのエプロンを身につけて、誇らしげに語った。

「スーパースターのロナウジーニョも、子供の頃はファベーラ（スラム街）で育った。少なからず、彼もこの仕組みの恩恵を受けたはずです」

「この仕組み」とは、ドゥトラさんが市長に初当選した翌年の１９８９年、世界に先駆けてポルトアレグレが導入した「市民参加型予算編成」（参加型予算）である。自治体の限られた予算をどの事業に優先的に配分するか。それを市当局や市議会だけでなく、地域住民が集会に参加して議論を深めながら決める仕組みだ。

議会制民主主義では民意を反映しきれない。その問題を解決する一つの手段として注目され、ブラジル国内の他の自治体や南米諸国、欧米の都市などに広がった。発祥地のポルトアレグレは代表的な成功例といわれている。

発想のはじまりは、ブラジルがまだ軍事政権下にあった70年代にさかのぼる。当時、リオグランデ・ド・スル州の首都だったポルトアレグレは工業で栄え、労働力となる農民たちが移り住んだ。しかし、貧しい人々が集中して暮らす地区では、交通や下水道、電気などインフラが整わず環境汚染が進み、様々な社会問題が発生。地域住民が集会を開いて市当局に改善を求めても、軍政下で聞き入れられることはまれだった。

ドゥトラさんによると、ある住民集会で市の担当者がこう言い放ったという。「予算とは短い毛布のようなものだ。足が寒いと言って引っ張れば、頭が出てしまう。逆もしかり。全てをカバーできる予算というものはない」

その時、集会に参加していた女性がこう反論した。「毛布はサイズを決めてから作るものでしょ。でも、あなた方はサイズを測る時に、私たちに一度も意見を求めなかった。もし正しいサイズがあらかじめ分かっていれば、私のところもカバーされたのに」

市の担当者はグウの音も出なかったという。ドゥトラさんたちは集会の後、彼女の言葉を振り返り、公共の予算は市当局や議会まかせにせず、市民自身が考えるべきだという結論に至った。この発想が1985年の民政移管後、ドゥトラさんの市政で花開き、参加型予算として発展していったという。

当時、参加型予算は「貧者の救済」を第一に掲げていたため、貧困層向けの集合住宅や上下水道の整備などファベーラの環境改善に優先して市の予算があてられた。ドゥトラさんは参加型予算のメリットについて、市民が監視の目を光らせることで、為政者（市長）に圧力をかけ続け、汚職や利益誘導の防止にもつながると説明する。

一方、問題も残されていた。「軍政時代が長かったことで、市民に『政治に参加しない文化』

が根付いていたのです。彼らの参加の意欲をかき立てるのは容易ではありませんでした」

身ぶり手ぶりを交えて何時間も熱く語るドゥトラさんの話を聞くうちに、軍政から政治を取り戻し、あーでもないこーでもないと時に激しい議論を重ねながら、地域の問題を話し合って決めていた情景がありありと浮かんできた。これこそが民主主義の原点なのかもしれない、そう思った。

だが、導入から約30年、「成功モデル」ともてはやされたポルトアレグレの参加型予算にも今や、ほころびが目立つという。

地元リオグランデ・ド・スル州連邦大学教授で、参加型予算を研究してきたルシアノ・フェドッチさんは、「参加型予算は今、危機的状況にある」と警鐘を鳴らす。

フェドッチさんによれば、参加型予算で達成した公共事業はこれまでに約8000件に上る一方、約2300件は手つかずの状態で残されている。原因は財源不足だ。ここ数年の経済不況でポルトアレグレ市の税収は落ち込み、ついに参加型予算の仕組みそのものを凍結せざるを得なくなったのだ。

市民の参加意欲にも変化が見えるという。フェドッチさんの調査によると、参加型予算の集会参加は1990年時点でわずか628人にすぎなかったが、徐々に増えて、

2002年は1万7397人に。その後しばらく伸び悩んだものの、ブラジル経済が冷え込んだ15年には2万661人（前年比19％増）に跳ね上がった。

集会への参加人数だけを見れば、課題だった住民の熱意は冷めていないように見える。しかし、フェドッチさんが過去数年の参加者の社会階層などを分析したところ、低所得、低学歴、アフリカ系の参加率が非常に高い一方、中間層や富裕層が極端に低かったという。

フェドッチさんは言う。「参加型予算では、貧困層は必要な対応を求めて積極的に集会に足を運びました。一方で、中間層以上に無関心が広がっていました。格差社会のブラジルで公的資金の公平な分配をめざしたのに、かえって社会の分断が進んでいたのです」

画期的かと思われた参加型予算だったが、ここでも社会の分断を招いてしまった。

それでも、とフェドッチさんは言う。「代表制民主主義にも欠点があり、様々な問題が浮かび上がっています。参加型予算はそれと完全に置き換わるものではないけれど、市民の政治参加を広げるという意味で補完的な貢献はできるのではないでしょうか。いわば、民主主義に『酸素』を与えて元気にするようなものなのです」

「議員の村」に見た、古き良き慣習？

ここで話をいったん日本に戻そう。少し横道に逸れるけれど、20年以上前、私が新聞記者駆け出しの頃に朝日新聞富山支局で取材した、小さな村の「民主主義」をご紹介したい。世界遺産・合掌集落で知られる富山、岐阜県境の五箇山《ごかやま》のふもとに位置する、富山県の旧井口《いのくち》村。「平成の大合併」で、現在は南砺市の一部になっている。

新聞記者になって4年目の1999年春、統一地方選の取材で、人口約1400人（当時）の村の選挙事情を調べるうちに、あることに驚いた。男性有権者約500人のうち、70人以上が元議員。7人に1人が村議の経験をもつ、いわば「議員の村」だったのだ。候補者は地区の「顔役」が調整し、「寄り合い」で承認される。「原則として一期交代」が、この村にとっての「民主主義」となっていた。

その仕組みはざっとこうだ。村内は9地区に分かれていて、候補者選考の対象となるのは、農協や地区の催しで中心的な役割をしてきた人物。中心地区から2人、その他からは1、2人を選ぶ。誰を選ぶかは、地区ごとの「寄り合い」で決める習わしが続いていた。

村議選の告示日、届け出を済ませた候補者は公民館で時間をつぶす。ここが選挙事務所だ。ポスターはなく、選挙カーも出さない。選挙は「儀式」にすぎなかった。

そんな仕組みに疑問を感じる人もいるけれど、あくまでそれは少数派。村のほとんどの意見を代弁するように、ある区長はこう言った。「選挙戦になればいらぬ出費がかかる。しこりも残る。良いことはないよ。ごたごたは避けたい」

かつては、激しい戦いを繰り広げたこともあったという。でも当時の取材では、過去5回の選挙のうち4回までが無投票だった。

年4回の定例会に、臨時議会や視察……。議員を務める「代償」は、月額16万円の報酬と年86万円のボーナス（いずれも当時の金額）。「サラリーマンでは無理」（ある現職議員）だから、8割以上が1期で辞める。長くて3期、それも私が取材した当時、過去に5人だけしかいなかった。

1995年、小さな「反乱」が起きた。2期目に入った男性議員が、「これじゃ掃除当番と一緒じゃないか。定数を減らせば、調整が崩れて選挙戦になるはずだ」と意を決し、定数を12から8に減らす運動の先頭に立ったのだ。地区の数より少ない8議席にすれば、否が応でも選挙戦になるに違いない。男性はそう考えていた。

ところが、あっけなく鎮圧される。男性の思惑どおりに定数は減ったものの、中心地区が隣の小さな地区を吸収する形で「調整」が働き、結局、無投票になったのだった。選挙は持ち回りも同然。しかも、ほとんどの議員が1期で辞めてしまう。それで、村の問題を解決できるのでしょうか？

当時の村議会議長は私の取材に、こう答えている。「財政的なことは1期議員じゃ、まったくわからない。私自身も1期目だ」

他の現職村議は「大きな事業は広域行政圏でやる。村の最大の仕事は、下水道など社会資本の整備。議員は、地区の要望を村当局に伝える『区長の手助け』で構わない」と話した。

当時、新聞記者としてはまだぺーぺーだった私は、先輩記者の助けを借りて、井口村の現状を5回にわたる連載にして朝日新聞の富山県版で報じた。

それから約20年。「議員の村～井口主義のいま」と題した当時の記事を読み返すと、稚拙な文章と浅い見識に赤面してしまう。そして、それ以上に恥ずかしいのは、当時は気づいていなかった「おごり」だ。村の寄り合いで候補者を絞り込んで、無投票を人為的に作り出す井口村の「慣習」がいかに滑稽か。私たちが慣れ親しんでいる民主主義を、村の人々はないがしろにしているのではないか。そんな民主主義への妄信のようなものが行間からにじみ出していた。

オランダやポルトアレグレを見た今なら、もう少し違った見方ができる気がする。「井口主義」とは、ふだんは村政に関心の薄い人々を議員に指名し、1期ごとに交代させることで、できるだけ多くの人に政治に関与するチャンスを与えている。それはそれで、民主主義の一定の機能を果たしていたのではなかろうか。さらに言えば、政治が市井の人々からかけ離れ、民意が思うように反映されなくなっている代議制民主主義に対する「ささやかな抵抗」だったのかもしれない。当時の村の人々に、そんな気はなかったと思うけれど……。

2004年、井口村を含む8町村が合併して南砺市が誕生し、それ以降は選挙も市単位で行われることになった。「井口主義」が今どうなっているのか、分からない。

「日本的ナルシシズム」と民主主義

「選挙になれば、しこりが残る」「ごたごたは避けたい」――。約20年前に取材した富山県・旧井口村（現南砺市）の人々は、村議選で事前調整をして無投票を続ける理由をこう語っていた。

最近、「同調圧力」という言葉をよく耳にする。「みんな一緒に仲良く」という志向が、日本人はそもそも強いとはよく言われるけれど、近年その傾向がとくに強まっているような気がする。第3章で成蹊大学教授の野口雅弘さんが、最近のゼミ生たちは「意見のパス回し」を始めると語っていたのを覚えているだろうか。

――「ゼミが始まって初対面の頃は、就職活動の集団面接みたいな感じになってしまうんです。（中略）みんな、人の意見をきちんと聞いて、それを受けて自分の意見を言う。『○○さんの意見を受けて』みたいなことをやりはじめるんです」

一人ひとりが少しずつ我慢しても、所属する集団との一体感を優先させる。旧井口村の慣習にも、現代の学生たちにも、そんな「日本人らしさ」のようなものが影響しているのではないか。そして、もしかしたら、私たちに脈々と受け継がれてきた日本人らしい気質は、じつは民主主義というシステムにあまり向いていないのではないか。

こうした集団との一体感を重視する「日本人らしさ」について、精神医学と長年の臨床経験から考察する医師がいる。２０１２年から福島県南相馬市で開業する「ほりメンタルクリニック」院長、堀有伸さんだ。

東日本大震災の翌年、堀さんはそれまで勤めていた東京都内の大学病院を辞めて、東京電力福島第一原発の事故で被災した南相馬市に移り住んだ。被災地の復興に少しでも役立ちたいという思いからだった。20年以上に及ぶ様々な臨床経験や、被災地という極限状態でうつ病にかかった人々に接してきた経験を通じて、日本人と日本社会が伝統的に持っている独特の心性について考察を続け、『日本的ナルシシズムの罪』（新潮新書）という本にまとめた。

2020年3月、堀さんのクリニックを訪ねると、民主主義と日本人のパーソナリティー（心理学における人格）の関係について、興味深い仮説を披露してくれた。

「『オモテ』では大切だと語りながら、実際には『ウラ』では拒絶している。日本人の多くは、西洋から導入した民主主義に対して、そんな奇妙な受け入れ方をしているのではないでしょうか」

オモテとウラ？

堀さんの著作によれば、明治維新以後の日本は法治主義や基本的人権など、西洋から移入された論理的な概念を基盤にして近代社会を築いてきた。そもそも目新しくて正当に見える意見には、すぐに「想像上の一体感」を持とうとする傾向が日本人には強いとされる。だから民主主義という西洋社会から移入された新しいシステムも、日本の土着的な世界観と西洋近代の思想の葛藤が解消されることなく、あいまいなまま「オモテ」（建前）では受け入れたけれど、日本人の心の本質的な部分、つまり「ウラ」（本音）では拒絶されてしまっているのではないか――というのが、堀さんの見解だ。

堀さんによれば、精神医学上のパーソナリティーの中で、「日本人らしさ」との関係が深いものに、「メランコリー親和型」という病前性格がある。1961年にドイツの精神医学者、フーベルトゥス・テレンバッハ（1914〜94）が報告したもので、病前性格を分かりやすく言えば、メランコリー（抑うつ症の重い症状）に陥りやすい性格をもともと持っているという意味だ。日常生活、仕事、対人関係などいずれの面でも、秩序を重んじ、几帳面で義務感が強く、特に他人に対して非常に気を遣う――。そんな特徴が挙げられるという。

それって、外国の人が抱いている、ステレオタイプ的な日本人のイメージに近い気がするけれど、精神医学上は何が問題なんだろう？

企業に勤める若手社員を例に、堀さんはこう説明する。「上司が指示してくれているうちは頑張って仕事をして、ぐっとよくなるけれど、ちょっと年齢や立場が上がって、こんどは自分が部下に指示を出さなくてはいけなくなったら、もうどうにもダメになってしまう。そんなタイプの性格です」

メランコリー親和型の人は、その「場」が要求する役割への同一化が強いのが特徴で、献身的に働き、それによって他の内輪のメンバーからも大切にされる。そうした密着した関係の中で生きているから、その環境から引き離されることは深刻な精神的危機をもたらし、うつ病を発症する誘因となりえる――。堀さんは著書の中で、そう指摘している。

うーん、そう言われると、仕事にどっぷりと浸かって、会社と「一体化」しているような人が私の周りにもけっこういる気がする。でも、そんなメランコリー親和型というパーソナリティーが、どうして民主主義を「ウラ」で拒絶するのだろうか?

堀さんは、そもそも民主主義の重要な要素となる「個人」の概念が、西洋と日本では大きく異なるのではないか、と指摘する。「西洋では個人は『けんかする者』です。必要とあれば、会社だろうが、国家だろうが、自分の利益にならないと考える者に対して闘う。西洋の近代社会ではそういう個人や自我の確立が、民主主義の前提になっているのです」

これに対して日本の場合は、「闘う者」というよりも、反抗期の子どものイメージだ、と堀さんは言う。「子どもでも本当に自立していれば、財産をめぐって父親とガチンコで争うでしょう。でも、日本の場合そういうイメージではなく、精神の奥の方で親とつながっていて、単に『わがまま』を言っているだけ。最終的にはなああで終わってしまう。そんな感じなんです」

自著の中で堀さんは、「メランコリー親和型」のほかに、自分を傷つけてでも他人の世話を焼こうとする「自虐的世話役」や、いちど気になることが生じると解決するまで心身が疲弊しても執拗に考え続ける「執着気質」といった心理学上のパーソナリティーも、「日本人らしさ」に深く関係しているのではないかと指摘。こうした傾向を総称して、「日本的ナルシシズム」と呼んでいる。

ナルシシズムという心理学用語は、ギリシャ神話に出てくるナルキッソスという青年が水面に映った美しい自分の姿に見とれて過ごすうちに現実を忘れ、自らを滅ぼしてしまうというエピソードに由来する。

堀さんが提唱する「日本的ナルシシズム」を素人なりに咀嚼すると、一人ひとりでは孤立しているように見えるけれど、実際は心の奥底で集団の秩序に絡め取られる事を望む。そして、そんな自分の姿に知らず知らずのうちに、ナルシシズムの満足を感じてしまう、そういうことなのではないだろうか。

富山県・旧井口村でかつて続いていた無投票の慣習も、「日本的ナルシシズム」と深く結びついているのではないか、と堀さんは見る。それは、日本社会特有の「ズルズルベッタリ」の構図だ。

第3章でも紹介した戦後日本を代表する思想史家、藤田省三（1927～2003）は日本社会の原理について次のように述べている。

――「人間社会が自然世界と公然と対立せず、国家が家や部落や地方団体と公然と対立せず、公的忠誠が私的心情と公然と対立せず、全体と個が公然と対立せず、その間のケジメがないままに、どちらが起源でどちらが帰結かが明らかにされないで、ズルズルベッタリに何となく全体が結びついているところにある」（『戦後精神の経験　藤田省三小論集I』影書房）

旧井口村の慣習も、この「ズルズルベッタリ」の延長線上にあり、普通に選挙戦を行うよりも優れている面が多かったのではないか、と堀さんは指摘する。「選挙というものは村で長年続いていた慣習の途中にぽっと導入されたシステムに過ぎません。近代民主主義は近代社会を統治するシステムですが、近代社会ではない村を運営するのはそれではなく、村のシステムの方が良かったはずです。じつは、それこそが今の日本が抱える一番の悩みじゃないか、と私は思っています」

え、どういうことですか？

「日本は明治維新で近代化する際、前近代と近代をどう統合するかという課題がありました。前近代はいわゆる『ズルズルベッタリ』のムラの掟。近代は民主主義とか自然科学とか、キラキラして見えるけれども、その内側には大変な葛藤や対立が含まれていることを前提とした仕組みです。根本的に統合は難しい。『日本ムラ』を運営するなら、ムラ固有のシステムが一番うまくいくに決まっていますから、それだけに世界的なシステムに合わせる必要性を痛感できなかったのです」と、堀さんは語る。

つまり、近代日本は民主主義の表面的なシステムだけを受け入れ、「日本人らしさ」に心地よい形で受け入れてきた。なんとかオモテ（建前）とウラ（本音）を使い分けてしのいできたけれど、グローバル化の波に洗われ、それも限界に来ているということか。

なんだか、まるで日本独自の進化を遂げた「ガラケー」（従来型携帯電話）のようだ、と私は思った。西洋から伝わり、日本人の気質や好みに合うように様々な機能を充実させてきたガラケー。ところが、スマートフォンが世界的に普及すると、米アップルの「iPhone（アイフォーン）」などに押され、独自性を出せないまま収益が悪化し、市場からの退出を余儀なくされている。

違和を感じつつ、独特の受け入れられ方をしてきた日本の民主主義は、今後どのような道をたどるのか。権威主義的なポピュリズムの危機が生じている欧米諸国に比べると、日本はそこまでの嵐は吹き荒れていないように見える。これも日本独特の「ズルズルベッタリ」が良い意味で影響を与え、ガラケーとは違って、さらに独自の進化をするということなのだろうか。

それでも、経済の不調などをきっかけに「日本ムラ」の制度が崩れる危険性はある、と堀さんは言う。「今は昔の貯金を食いつぶしているからなんとかなっていますが、うまくいかなくなったとたん、人々の間に不満や不安が急激に強まって、他国のように社会の分断が深まり、ポピュリストが生まれるという危険性はあると思います」

第7、8章で紹介した米ジョンズ・ホプキンス大学准教授のヤシャ・モンク氏も、近著『民主主義を救え!』(岩波書店、邦訳・吉田徹)で、次のように警鐘を鳴らしている。

「日本の民主主義はアメリカやイギリスよりも確固とした基盤の上にあり、列島を取り巻く急激な環境変化に国民が動じない可能性がないわけでもない。しかし、日本がポピュリズムとは無縁だとする説も、それは単にポピュリズムが遅れているだけで、避けられているわけではない可能性も排除できないのだ。他の国にとっての真は、また日本にとっても真なりだ」

それはなにも、ポピュリストの出現という形をとらないかもしれない。

みなさんは、第6章で京都大学教授の待鳥聡史さんが、「多数派の圧倒する世界」について こう語っていたのを覚えているだろうか。

――「敗者の存在を取り除いていくことが続けば、民主主義のままでもかなり独裁に近づいていく。ポピュリストの世界とはそういうものです。自分たちの考え方が正しくて、あとは間違っているんだから、負けた連中の言うことはいっさい聞く必要がないんだ、世の中からいなくなっても仕方ないね、と。それが多数派の圧倒する世界です。そして、その息苦しさに気づいたときには、もう抜け出せなくなっているのです」

表向きは民主主義の皮をかぶっていても、多数派が圧倒すれば、結局のところ「独裁」とそれほど変わらなくなってしまう。「ズルズルベッタリ」が残る日本ムラの制度が崩れないとしても、別の危険性もあるということなのだ。そして、今の日本の状況は、どちらかといえば、こちらの方向に近づいているのではないか。私には、そう思えた。

第10章　「強権」への誘惑に負けないために

「ライト独裁」という考え方

とかく民主主義は、手間と時間がかかる。普通の人は日々の生活に手いっぱいで、政治は二の次。でも、代弁者を選べばやはり不満が募る。そんな「面倒くさい」政治よりも、「強力な指導者」に一発解決を願おう。そんな空気が世界に広がっている有り様を、第7、8章でロベルト＝ステファン・フォア氏とヤシャ・モンク氏がデータをもとに示してくれた。

民主主義って、本当に素晴らしいシステムなんだろうか？　日本の学生さんたちの話を聞くうちに、私自身、疑問を抱き始めていた。袋小路にはまった脳裏に、第1章で紹介した学生Aさんの言葉がよみがえる。「もし絶対的なリーダーがいて、正しい道を分かっているのなら、その人に任せた方がいいのかなと思います」――。

試しに「独裁」「いいね」などのキーワードでググってみると、ネット空間にはAさんと似たような意見が日本語だけでもけっこう多いことに驚かされる。「行きすぎた民主主義より独裁の方がええ」「ライト（軽い）独裁ならいいんじゃない」「民主主義＝善は、思い込みだ」といったアンチ民主主義派に賛同する書きこみが続々と出てくる。そんな論者の1人に直接会って話を聞いてみると、「平時は民主的なシステムを前面に押し立て、難局にあたっては独裁で切り抜ける。古今東西の長期政権はこの二つをうまく使い分けてきた」と持論を展開してくれた。

そういえば、Aさんもインタビューで、たとえ軍事政権だって軍が暴走しない「歯止め」を決めておいて、良い面だけを利用するということが可能じゃないか、と言っていた。実際、最近は形だけ民主的に選ばれたように装う強権的な指導者も目につく。ひょっとしたら、独裁や軍政だって、システムの作り方によっては成り立つんじゃ……。

揺れる思いを胸に、ドイツの首都ベルリンを訪れたのは2018年2月のこと。旧東独の小さなアパートに笑顔で迎えてくれたのは、サスキア・フォン・ブロックドルフさんという白髪のドイツ女性だった。80年の半生で「独裁政権」「旧共産圏の政治体制」「軍事政権」「民主制」の四つを経験した、数奇な運命の持ち主である。

人なつこい笑みを浮かべて、サスキアさんはとつとつと語り始めた。ナチス独裁政権下の1937年、学生の父と秘書の母のもとに生まれたが、1939年に第2次世界大戦が勃発すると、サスキアさんは両親から引き離され、祖父母の元に引き取られる。

今思い返せば、周囲の大人たちは熱に浮かされているようだったという。「(第1次大戦前の)帝政時代を懐かしんでいた祖父でさえ、戦況を伝えるラジオにかじりついていたのを覚えています」

まもなく祖父母から、父は戦地へ駆り出され、母は入院先の病院で死んだと聞かされる。

「ナチスの旗がはためく通りを制服姿の男たちが行き交う様子が、まぶたの裏に焼きついています。物心ついたとき、ヒトラーが選挙で権力の座に就いたことはなんとなく知っていましたが、民主主義とは何であるのか考える必要はありませんでした。それだけヒトラーは神格化されていて、権力は完全なものでしたから」

本当は両親がナチス抵抗運動に関わり、母はナチスに殺されたと知ったのは戦後になってからだった。生還した父は、つらい思い出から逃れるようにサスキアさんを遠ざけ、一緒に暮らすことはなかった。

終戦時、サスキアさんが暮らしていた地域は旧ソ連軍に占領された。その後しばらくして、旧共産主義圏に組みこまれた旧東独で行われた選挙で、サスキアさんは初めて投票を経験した。

「あくまで形式的なもので、最初から結果は決まっていました。投票用紙に記入されている候補者の名前は1人だけ。そこに賛成と書き込むだけでした。監視もされていたし、反対すれば職を失うと分かっていました」

公文書館の仕事を経て旧東独の大学に通い直していた時、サスキアさんは南米ペルーから来ていた留学生と恋に落ちる。やがて息子も授かり、1970年に家族3人でペルーに移り住んだが、ここでも民主的な選挙とは縁がなかった。当時ペルーは軍事政権だったのだ。

それでも、とサスキアさんは言う。「ナチスや東独よりはマシだったと思います。たくさん新聞があって、いろんな意見が書いてありましたから」

結局、サスキアさんが民主的な選挙に初めて触れたのは、1973年に旧西独に移住した後だった。

現在、NGO「時の証人の会」（約140人登録）で自らの体験を若者たちに伝える活動を続けているサスキアさんは、こう言う。「『最悪の国家体制』でずっと過ごしてきた経験から言えることは、どんなに強力な指導者も、一人の人間に過ぎないということです。どんなに優秀でも、必ず間違いを起こす。そして、国家が個人をコントロールするのに『少し』はありえない。いったん始まれば際限がなくなる。真のコントロールとは、自分が自分にだけ許されるものなのですから」

日本では今、独裁の「利点」をうまく使って、民主主義の「欠点」を補ってはどうかという意見もありますが……。私が水を向けると、「時の証人の会」の会長ハンス・ディーター・ロベルさんは、大きく首を横に振った。

「ナチスは即座に物事を決めて、一時的に経済は発展しました。でも、最後は国の全てを破壊してしまったのです。少しぐらい時間がかかっても、民主主義の方が幸せということなんですよ」

２４００年前の哲人の教え

民主主義が十分に機能しないのは、どうしてか？　独裁者はなぜ、なくならないのか？

２４００年前にこうした疑問を追い続けた人物がいる。民主主義の源流を育んだ古代ギリシャの哲学者、プラトン（紀元前４２７～前３４７年）である。

プラトンは著書『国家』（上、下・岩波文庫、邦訳・藤沢令夫）の第8巻で、民主制からどのように独裁政治に転げ落ちるか、その道筋を考察している。長年学生とともにプラトンを読んでいる早稲田大学教授（政治学）の豊永郁子さんは、こう解説する。

「プラトンの『国家』は、独裁者に憧れがちな若者に、『独裁者は不幸だ。独裁制はよくない』と説得しようとしている書でもあるのです。私自身も大学の授業で、『独裁と民主主義とどっちがいい？』と言う質問を学生に投げかけると、独裁制の人気の高さに驚くことがしばしばでした。プラトンの苦労が少し分かります」

豊永さんによれば、プラトンは『国家』の中で、民主制からどのようにして最悪の政治体制である「独裁」に陥ってしまうか、典型的なパターンを見いだして示している。そこで彼が戒めているのが、「自由」への「過度の欲求」だ。

プラトンの議論をなぞれば、民主制国家が善と規定するものは、「自由」である。そして、自由の風潮がその極みに至ると、社会のあらゆるところに無政府状態がはびこる。民衆は国の統治の任にある人々を疎ましく思うようになり、民衆指導者がこれをあおる。その民衆指導者の中から、強い独裁者が生まれてくる、という。

なるほど、ここで出てくる「民衆指導者」というのは、現代の言葉に言い換えれば、まさにポピュリストということなのだろう。

豊永さんは言う。「プラトンは、こうした民衆指導者は、『雄蜂族』と呼ぶならず者たちの間から現れると言います」

え、雄蜂？　ブンブンと飛ぶ、あのミツバチのことですか？

自然界では、毒針のある働きバチと違って、女王バチとの交尾の瞬間のためだけに生きる雄バチがいる。体が大きく飛ぶのも速いが、針は持たず働きもしない。それは一見、「厄介な怠け者」であると、豊永さんは説明する。

「プラトンは、政治体制の変化を語るとき、民主制の移行する前には、金持ちが支配する『寡頭制』があると説明しています。寡頭制は現代で言えば、ブルジョワ社会のことですが、そんな寡頭制のもとでは貧富の格差を背景に、無為徒食のならず者たちのたぐいが生まれます。彼らのことを、『雄蜂族』と呼ぶのです。彼らは怠惰と放縦の産物であり、零落したり、悪事に走ったりします。その大多数は自然界の雄バチと同様に、毒針は持たず、大したことはできません。しかし、ときに才覚があり、大胆で、毒針を持つ『雄蜂』が現れ、針のない『雄蜂』たちを従える」

民主制のもとでは、こうした「雄蜂族」が政治の舞台に進出する。そもそも民主制の国家とは、「政治活動をする者が、どのような仕事や生き方をしてきた人であろうと、そんなことは一向に気にも留められず、ただ大衆に好意を持っていると言いさえすれば、それだけで尊敬されるお国柄だ」ともプラトンは説いている。

うーん、プラトンに言わせれば、民主制国家の政治家の多くは「ならず者」というわけか。なんだか、妙に説得力があるなあ。それだけじゃない、日本にも「雄蜂族」に当たる人たちがたくさんいそうだ。あんな人やこんな人の顔が浮かんでくる。

そして、「雄蜂族」の中から独裁者を担ぎ上げる「民衆」についても、プラトンは面白い考察をしていると、豊永さんは言う。

「プラトン曰く、民衆の階層は最も多数を占め、いったん結集すると、最強の勢力になります。しかし、蜜の分け前にあずかるのでなければ、あまり集まろうとはしない。そこで、先頭に立つ指導者たちは、持てる人々から財産を取り上げ、その大部分は自分で着服しながら、残りを民衆に分配するというのです。つまり、よく信じられているように、指導者はカリスマだけで民衆に担ぎ上げられるのではなく、そこにはいつも『甘い蜜』がある、ということです。たとえば、ヒトラーのナチスがユダヤ人を徹底的に収奪し、多くの人がそこから利益を得たことが思い起こされます」

プラトン曰く、そうして権力を握った「独裁者」は、初めの何日かは誰にでも優しく微笑みかけて、自分が「独裁者」であることを否定し、私的にも公的にもたくさんのことを約束する。けれど、その後は絶えず何らかの戦争を引き起こし、有能な人材を粛清するようになる。それは民衆が指導者を必要とする状態におくためなのだという。

いやはや、2400年前の偉大な哲人の「知恵」には、現代に通じる深い教えが詰まっていると、あらためて驚かされる。こうした独裁者誕生のパターンは今日にも通用するものであり、全てプラトンのアドバイスとしてよく覚えておくべきだと、豊永さんは言う。

それにしても、「自由」に価値を置く民主制が、「自由」を奪う独裁者を生み出してしまうというのは、なんとも皮肉な話である。

それは、「民主制のパラドックス」だ、と豊永さんは言う。「民主制による自由の追求のたがが外れて『何でもあり』の民主制になるとき、人々は、物事に優劣をつけない、様々な行為や欲求のどれにもダメを出さない寛容さを持ってしまう。つまり、指導的政治家がどんなに問題のある人物であっても、どんな言動をしても、タブーやルール、前例を簡単に覆してみせても、受け入れてしまう。それが独裁傾向を持つリーダーの台頭を許してしまうのです。これはまさに私たちが今（たとえば米国で、あるいは日本で）、目の当たりにしていることなのかもしれません。民主制は寛大ですが、スキがある。ぎょっとするような言動の人物には、やはり気をつけた方が良い、ということです」

第7、8章のロベルト＝ステファン・フォア氏とヤシャ・モンク氏の分析によれば、世界では今、「強権的な指導者」が続々と誕生し、民衆の支持を集めている。一方で、民主主義への幻滅が広がっている状況を見るにつけ、プラトンが警告する独裁政治への「歯車」はどんどん加速しているようにも見えるけど……。

それでも、重要なのは民主主義を実現する意志、つまり意識的な努力だ、と豊永さんは説く。「プラトンが描いたような民主主義から独裁への転落の可能性は、議院内閣制にも、大統領制にも、直接民主制にも、同じようにあります。どれも粗悪な政治家たち、独裁者と化すような民衆指導者を宿しうるからです。プラトンが言う『雄蜂族』は、そもそも政治家になってほしくないし、その中でもとりわけ毒針を持つ雄蜂、つまり独裁者になりそうな人物を権力の座に就けてはならない。そうなるプロセスのひとつひとつを肝に銘じて用心していれば、踏みとどまる道はあると思います。プラトンが究極的に言いたかったのは、そういうことだと思います」

少し救われた気がした。なるほど、月並みかもしれないが、大切なのは知ることなのだ。民主制とはどういうものか、独裁の下ではどういうことが起きるのか。民主主義の概念の成り立ちを学んだうえで、いろいろな事例を詳しく知れば、民主主義の「危機のサイン」も、おのずと察知できるようになる。豊永さんは、最後にそうアドバイスしてくれた。

民主主義は50歳？「不完全で当然。ものすごく若い」

2400年前の偉大な哲学者の知恵に耳を傾けたところで、こんどは現代を代表する若手哲学者に教えを請おう。「世界は存在しない」――。そんな言葉で注目を集め、「哲学界のロックスター」の異名を取るドイツ・ボン大学教授、マルクス・ガブリエルさんだ。

ドイツ史上、最も若い29歳で大学の哲学科教授に就いた天才肌の俊英は、今の民主主義の姿をどう見ているのか、率直に聞いてみたかった。2018年2月、滞在先のパリに訪ねると、トレードマークの眼鏡と口ひげに、屈託のない笑みを浮かべて彼はこう答えた。

「パソコンにたとえると本質をとらえやすいでしょう。民主主義とは、『情報処理の一つのスタイル』であり、その最大の価値の一つが『処理スピードの遅さ』なのです」

え、パソコン？　情報処理？

戸惑っている私に、ガブリエルさんはこう補助線を引いてくれた。「民主主義とは、国家体制や官僚、メディア、経済など様々な社会構造や制度のあり方を決めるものです。だから、民主的な政府からすれば、民主主義という情報処理の枠組みにそって、一連の問題を解決していくことになるわけです。そういう意味で、民主主義をパソコンのように捉えると、その本質がちゃんと把握できると思います」

うん、まだなんとか付いて行けてる気がする。だとすれば、どうして今、民主主義は岐路に立たされているのでしょうか？

ガブリエルさんは、「デジタル化」を一つの要因に上げた。デジタル化によって虚実ない交ぜの膨大な情報がインターネットを介して世界中を飛び交い、予測不能なきっかけで拡散するようになった現代社会。それに伴って、民主主義による統治のあり方も自ずと変わらざるを得なくなってきた、とガブリエルさんは説く。

「社会が抱える様々な問題には、それぞれ唯一無二の解決策があると言ったら、それは大いなる誤解です。民主主義というものは、その性質上、終わりのないものです。体制として将来もずっと続くことを望むものです。だとすれば、対処すべき問題も無限に出てくる。だからこそ、かえって民主主義の『処理スピードの遅さ』が必要なのです。すぐに対応するのを避け、逆にゆっくり考えたり、異なる視点から対処したりすることが大事になってくる」

おお、そうだ。民主主義は「不完全」だけど、間違いを続けない。社会にイノベーションを生む「無駄」や「冗長性」を保つうえでも優れた機能を持っている——。後で気づいたことだけど、第6章で京都大学教授の待鳥聡史さんもそう指摘していた。

ガブリエルさんは言う。「処理スピードの遅さを最大限に活かすためにも、同じひとつの課題について複数の視点で話し合い、討論できる環境を整えることが何よりも求められます。それがすなわち、議会の役割なのです。これに対して、独裁国家では『話す者』は権力を握る1人しか存在しない。それができるのは『神』と呼ばれる存在だけです」

一方、民主主義に欠かせない選挙が、多数派と少数派を生み出すツールになってしまったことが社会の分断を広げているとガブリエルさんは指摘する。「多数派は自分たちが『勝ち組』であり続けるために、少数派をどんどん圧迫します。同じ社会で生きづらさを募らせた少数派が、いくら声を発したくても中枢に届かない。自分たちが望むものを表現する手段を完全に奪われ、反動するしかない状態に追い込まれた少数派は、ついにポピュリストの元に走るのです」

なるほど。長年、選挙で「報われない」という思いを抱き続けてきた私のような少数派の気持ちを代弁してもらっているかのようだ。それでは、どうしたらいいのでしょうか？

ガブリエルさんは、ドイツの偉大な先人、哲学者カントの「定言命法」を引用して、こう訴える。「民主主義における多数派は、次の選挙で自分たちが少数派に転落する可能性があることを常に忘れてはいけません。だからこそ、多数派は自分の利益だけを考えず、自分がまるで少数派であるかのように振る舞わなければいけないのです」

そして、こう警告した。「同時に、少数派は民主主義をあきらめてはいけない。民主主義とは真実の政治を得る唯一の方法だと私は信じています。それを諦めたら、うそやプロパガンダだらけの政治になってしまう。そんな国家は自己破壊するでしょう」

自己破壊……。源流となった古代ギリシャから約2400年も経つのに、民主主義とはなんと危ういものか。これだけ長い年月を費やしても完成されないなんて、システムとして根本的に問題があるんじゃないのか？　すると、ガブリエルさんは首を横に振って、こう私を諭した。

「不完全で当然です。だって、民主主義はものすごく若い、50歳そこそこですから」

え、50歳？　私とそんなに変わらないの？

ガブリエルさんに言わせれば、奴隷や女性が排除されていた古代ギリシャで採用されていた民主主義は、一握りの人々のために機能したシステムに過ぎなかった。「民主主義が著しい進歩を遂げて、性別や社会階層などを超えて機能するようになったのは、ほんの50年ほど前から。共産主義よりも新しく、他の国家体制に比べたら『赤ん坊』も同然なのです」

そして、日本発の携帯ゲーム機「たまごっち」を例に挙げて、ガブリエルさんは最後にこう締めくくった。

「大事なのは辛抱強く、優しく見守ること。まだ純粋な赤ん坊が大きく成長するまで」

「最新バージョン」が現れるまで

「民主主義とは『情報処理の一つのスタイル』であり、パソコンに例えると本質を捉えやすい」——。ドイツの哲学者、マルクス・ガブリエルさんの言葉が胸に響いた。

彼の考えを私なりに咀嚼すれば、民主主義に幻滅が広がっている今の状況は、あたかも膨大なデータ処理が迫られているのに、バージョンの古いソフトで処理能力が追いつかず、パソコンがフリーズ寸前に陥っているといったところだろうか。

本来なら、もっと処理能力の優れた新しいソフトをインストールし直したいところだけれど、開発が遅れてなかなか市場に出回らない。イライラとしながらネットを検索するうちに、甘い宣伝文句に釣られて違法なソフトのインストールボタンをつい押してしまいそうになる……。非効率な今の民主主義に辟易し、「強権的な指導者」に走り、「ライト独裁」に期待する若者たちの心理は、もしかしたら、そんなところかもしれない。

世界では今、加速する時代の流れについて行けなくなり始めた民主主義のバージョンアップに向けて、様々な試みが始まっている。たとえば、民主主義から独裁への転落の危険性を警告したプラトンの古代ギリシャなどにヒントを得て、抽選で政治参加する人を決める「くじ引き民主主義」が欧州を中心に見直されているという。

あるいは、テクノロジーの急進を受けて、多数の人々による無意識の選択に基づくビッグデータや、それを深層学習する人工知能（ＡＩ）が「最大多数の最大幸福」を導けば、選挙による代議制民主主義はもはや不要になるという議論もある。

果たして、次世代の民主主義とはどんなものなのか、今は定かではない。それでも、安易に違法ソフトをインストールしてウィルスに感染し、パソコン本体が使い物にならなくなるような最悪の事態だけは避けなくてはならない。

その危機を知らせるシグナルこそ、「軍事政権だって、いいじゃない」と正直な気持ちを語ってくれた学生さんたちの言葉だったのではないか、と私は思う。

第7、8章でロベルト＝ステファン・フォア氏とヤシャ・モンク氏は、次のように指摘している。「我々は、定着した民主主義が機能しなくなる状況について考えるべき時期を迎えている。そして重要なシステムの転換が生じていることを示すのかもしれない兆候に目をこらすべきである」

「危機のシグナル」を察知した日本の研究者たちも、ポスト民主主義の可能性を様々に模索し始めてている。

中央公論2020年4月号の特集「21世紀の危機？〈瀕死の民主主義〉」で、慶應義塾大学教授の山本龍彦さんが、批評家・作家の東浩紀さんとの対談で、次のように述べている。「選挙で選ばれた議員のみが我々を『代表』しているわけではない。いずれにせよ、深層の中道が日本でも、世界でも弱くなっている。そこを再現前化させるのは、選挙1本では駄目で、賢人政治的な機関を複雑に絡み合わせる必要があります」

そして、東さんは同じ対談で、民主主義とソーシャルメディア（ＳＮＳ）との関係について、こう語っている。「民主主義という言葉は、そもそも政治思想史的には無内容です。もともとは単に『民衆が支配する』というだけの意味でした。（中略）民主主義とは何かということは、実は思想的には全く鍛えられていません。そこにＳＮＳがやってきました。そこで語られる民主主義は『大衆が望んでいることが実現すれば、それでいいんじゃないか』という恐ろしく単純で乱暴なものです。いまのＳＮＳは大衆を動員する装置でしかない。こうした現状のなか、『本当の民主主義』を思想的にどう鍛えていくのかは難しい問題で、二一世紀の大きな課題になると思います」

素人の私がいま言える結論はこうである。新しい時代に合わせてバージョンアップされた民主主義をあきらめずに模索し続けよう。そのとき、「多数派」はけっしておごらず、「少数派」はあきらめず。そして、次世代のバージョンアップされた民主主義が現れるまでは、ちょっと使い勝手は悪くなったけれども、時間さえかければ誤りを正し、リスクのない答えを導き出してくれる今のバージョンの民主主義を、辛抱強く使い続けるしかないのではないか。純粋な赤ん坊が成長するのを、優しく見守り続けるように。

［編著者］玉川透（たまかわ・とおる）1971年生まれ、宮城県仙台市出身。東北大学法学部を卒業後、1996年に朝日新聞入社。国際報道部デスク、ベルリン支局長などを経て、2017年からGLOBE編集部。現在、GLOBE編集長代理。

［著者］ヤシャ・モンク Yascha Mounk ジョンズ・ホプキンス大学准教授、著書「民主主義を救え！」（岩波書店）／ロベルト・ステファン・フォア Roberto Stefan Foa ケンブリッジ大学講師（政治学）

［訳者］濵田江里子（はまだ・えりこ）千葉大学 法政経学部 特任研究員、博士（法学）（上智大学）。共著『社会への投資――〈個人を支える〉〈つながり〉を築く』（岩波書店）

強権に「いいね！」を押す若者たち

2020年4月25日　第1刷発行

編著者　玉川　透
著　者　ヤシャ・モンク／ロベルト・ステファン・フォア
訳　者　濵田江里子
発行者　辻　一三
発行所　株式会社青灯社
東京都新宿区新宿 1－4－13
郵便番号 160－0022
電話 03－5368－6923（編集）
　　 03－5368－6550（販売）
URL http://www.seitosha-p.co.jp
振替　00120－8－260856

印刷・製本　モリモト印刷株式会社

Printed in Japan
ISBN978－4－86228－110－4 C0031

小社ロゴは、田中恭吉「ろうそく」（和歌山県立近代美術館所蔵）をもとに、菊地信義氏が作成